中学校

技術・家庭科

家庭分野

資質・能力を育む
学習指導と
評価の工夫

筒井恭子

［編著］

東洋館出版社

まえがき

　「生きる力」をより一層育むことを目指す新しい中学校学習指導要領は，令和３年４月より全面実施となります。子供たちには，予測困難な社会の変化に主体的に関わり，自ら考え，よりよい社会と幸福な人生の創り手となる力を身に付けられるようにすることが求められています。

　社会全体が，新型コロナウイルス感染症とともに生きていくという状況の中で，私たちは，改めて家族・家庭や，人が生きていくために欠かすことができない食べることや着ること，住まうことなどの重要性を再認識することとなりました。子供たちは，普段の生活の中で，今まで見えなかった課題を発見したり，当たり前の生活の大切さや新しい生活様式においても少しの工夫で生活が豊かになることを実感したりしたのではないでしょうか。

　中学校技術・家庭科　家庭分野の学習は，家族・家庭，衣食住，消費や環境などについて，生活の自立に必要な知識及び技能を身に付け，よりよい生活の実現に向けて，身近な生活の課題を解決する力と家族や地域の人々と協働して生活を工夫し創造しようとする実践的な態度を養うことをねらいとしています。家庭分野で育成を目指す「生活を工夫し創造する資質・能力」は，生涯にわたって健康で豊かな生活を送るための自立に必要なものとして今後ますます重要となります。

　本書は，家庭分野の学習を通して，「何ができるようになるのか」（育成を目指す資質・能力），「何を学ぶのか」（教科を学ぶ意義，小学校とのつながり等），「どのように学ぶのか」（学習指導の改善，指導計画の作成），「何が身に付いたのか」（学習評価の充実）について解説するとともに，全国各地で取り組まれている「主体的・対話的で深い学び」の実現に向けた効果的な実践事例を紹介したものです。

　各学校においては，本書を生かし，学習の質を一層高める魅力あふれる家庭分野の授業が展開されることを期待しています。本書が，家庭分野の授業はとても役に立つ，学んでよかった，学ぶ意義があると子供たちが言ってくれるような授業を目指している先生方の手助けとなることを心から願っています。

令和２年12月

編著者　筒井　恭子

家庭分野の学習を通して「何ができるようになるのか」「何を学ぶのか」

1 技術・家庭科 家庭分野において育成を目指す資質・能力

1 技術・家庭科において育成を目指す資質・能力

今回の改訂では，中央教育審議会答申を踏まえ，「生きる力」をより具体化し，教育課程全体を通して育成を目指す資質・能力を三つの柱に整理するとともに，各教科等の目標や内容についても，この三つの柱に基づき再整理が図られている。

ア 「何を理解しているか，何ができるか（生きて働く「知識・技能」の習得）」

イ 「理解していること・できることをどう使うか（未知の状況にも対応できる「思考力・判断力・表現力等」の育成）」

ウ 「どのように社会・世界と関わり，よりよい人生を送るか（学びを人生や社会に生かそうとする「学びに向かう力・人間性等」の涵養）」

中学校技術・家庭科の目標は，次の通りである。

生活の営みに係る見方・考え方や技術の見方・考え方を働かせ，生活や技術に関する実践的・体験的な活動を通して，よりよい生活の実現や持続可能な社会の構築に向けて，生活を工夫し創造する資質・能力を次のとおり育成することを目指す。

(1) 生活と技術についての基礎的な理解を図るとともに，それらに係る技能を身に付けるようにする。

(2) 生活や社会の中から問題を見いだして課題を設定し，解決策を構想し，実践を評価・改善し，表現するなど，課題を解決する力を養う。

(3) よりよい生活の実現や持続可能な社会の構築に向けて，生活を工夫し創造しようとする実践的な態度を養う。

目標の柱書には，技術・家庭科の最終的な目標が，よりよい生活や持続可能な社会の構築の礎となる生活を工夫し創造する資質・能力を育成することであり，この資質・能力は，(1)から(3)に示す三つの柱で構成されていることが示されている。

(1)については，生徒が自立して主体的な生活を営むために必要とされる技術分野，家庭分野それぞれの基礎的・基本的な知識と，それらに係る技能の習得の重要性を示したものである。「基礎的な理解」としているのは，個別の事実的な知識の習得だけではなく，社会における様々な場面で活用できる概念としての理解を目指していることを示している。

(2)については，変化の激しい社会に主体的に対応するために，技術・家庭科における一連の学習過程に沿って学習することにより，生活や社会の中から問題を見いだして，課題を解決する力を育成することを示している。

(3)については，(1)及び(2)で身に付けた資質・能力を活用し，自分と生活や社会との関わ

りを見つめ直し，よりよい生活の実現や持続可能な社会の構築を目指して将来にわたり生活を工夫したり創造したりしようとする実践的な態度を養うことを明確にしている。

2　家庭分野において育成を目指す資質・能力

　家庭分野において育成を目指す資質・能力（「何ができるようになるか」）は，分野の目標に，(1)「知識及び技能」，(2)「思考力，判断力，表現力等」，(3)「学びに向かう力，人間性等」の三つの柱に沿って示している。また，目標の柱書には，これらを「生活を工夫し創造する資質・能力」として示すとともに，(1)から(3)までに示す資質・能力の育成を目指すに当たり，質の高い学びを実現するために，「生活の営みに係る見方・考え方」，すなわち，家庭分野の特質に応じた物事を捉える視点や考え方を働かせることについても示している。今回の改訂では，小学校家庭科，高等学校家庭科においても育成を目指す資質・能力を三つの柱に沿って整理している。また，小・中・高等学校の内容の系統性を明確にし，各内容の接続が見えるように，小・中学校においては，「A 家族・家庭生活」「B 衣食住の生活」「C 消費生活・環境」の三つの内容としていることから，小・中学校五学年間で系統的に資質・能力を育成することが求められている。

(1)　知識及び技能

　家庭分野における「知識及び技能」は，分野の目標に次のように示している。

> (1)　家族・家庭の機能について理解を深め，家族・家庭，衣食住，消費や環境などについて，生活の自立に必要な基礎的な理解を図るとともに，それらに係る技能を身に付けるようにする。

　家庭分野で習得する「知識及び技能」は，生活の自立に必要な基礎的な理解を図るための知識とそれらに係る技能であり，家族・家庭の機能，家庭生活と家族についての理解，衣食住についての理解とそれらに係る技能，消費生活や環境に配慮した生活についての理解とそれらに係る技能等が挙げられる。家庭分野で習得する知識が，個別の事実的な知識だけでなく，生徒が学ぶ過程の中で，既存の知識や生活経験と結び付けられ，家庭分野における学習内容の本質を深く理解するための概念として習得され，家庭や地域などにおける様々な場面で活用されることを意図している。それらに係る技能を身に付けるについても同様に，一定の手順や段階を追って身に付く個別の技能だけではなく，それらが自分の経験や他の技能と関連付けられ，変化する状況や課題に応じて主体的に活用できる技能として習熟・定着することを意図している。

　今回の改訂では，小・中・高等学校の内容の系統性をより重視しており，小学校の学習を踏まえ，中学校で指導する「知識及び技能」が，高等学校の学習に発展していくものとして意識し，確実に定着できるようにすることを目指している。中学校で習得することを目指す生活の自立に必要とされる家族・家庭，衣食住，消費や環境などに関する「知識及

び技能」は，生活に応用・発展できるもの，生活における工夫・創造につながるものとして，変化の激しい社会において心身ともに健康で豊かに生きるために必要である。例えば，中学校における幼児や高齢者との関わり方については，小学校の「A 家族・家庭生活」における地域の人々（幼児又は低学年の児童や高齢者など異なる世代の人々）との関わりに関する学習を踏まえて指導し，高等学校における乳幼児や高齢者の介護に関する学習につなげることが大切である。

(2) 思考力，判断力，表現力等

家庭分野における「思考力，判断力，表現力等」は，分野目標に次のように示している。

> (2) 家族・家庭や地域における生活の中から問題を見いだして課題を設定し，解決策を構想し，実践を評価・改善し，考察したことを論理的に表現するなど，これからの生活を展望して課題を解決する力を養う。

この目標は，次のような学習過程を通して，習得した「知識及び技能」を活用し，「思考力，判断力，表現力等」を育成することにより，課題を解決する力を養うことを明確にしたものである。課題を解決する力として，①家族・家庭や地域における生活の中から問題を見いだし，解決すべき課題を設定する力，②解決の見通しをもって計画を立てる際，生活課題について多角的に捉え，解決方法を検討し，計画，立案する力，③課題の解決に向けて実践した結果を評価・改善する力，④計画や実践について評価・改善する際に，考察したことを論理的に表現する力等が挙げられる。

これからの生活を展望して課題を解決するとは，将来にわたって自立した生活を営む見通しをもち，よりよい生活の実現に向けて，身近な生活の課題を主体的に捉え，具体的な実践を通して，課題の解決を目指すことを意図している。

家庭科，技術・家庭科（家庭分野）の学習過程の参考例

生活の課題発見	解決方法の検討と計画		課題解決に向けた実践活動	実践活動の評価・改善		家庭・地域での実践
既習の知識及び技能や生活経験を基に生活を見つめ，生活の中から問題を見いだし，解決すべき課題を設定する	生活に関わる知識及び技能を習得し，解決方法を検討する	解決の見通しをもち，計画を立てる	生活に関わる知識及び技能を活用して，調理・製作等の実習や，調査，交流活動などを行う	実践した結果を評価する	結果を発表し，改善策を検討する	改善策を家庭・地域で実践する

※上記に示す各学習過程は例示であり，上例に限定されるものではないこと

(3) 学びに向かう力，人間性等

家庭分野における「学びに向かう力，人間性等」は，分野目標に次のように示している。

> (3) 自分と家族，家庭生活と地域との関わりを考え，家族や地域の人々と協働し，よりよい生活の実現に向けて，生活を工夫し創造しようとする実践的な態度を養う。

この目標は，(1)及び(2)で身に付けた資質・能力を活用し，自分と家族，家庭生活と地域

との関わりを見つめ直し，家族や地域の人々と協働して生活を工夫し創造しようとする実践的な態度を養うことを明確にしたものである。

　家族や地域の人々と協働しとは，よりよい生活の実現を目指して，家族と協力し，地域に住む様々な世代の人々とともに力を合わせて，主体的に物事に取り組むことを示したものである。よりよい生活の実現に向けて，生活を工夫し創造しようとする実践的な態度とは，家族・家庭生活，衣食住の生活，消費生活・環境に関する家族・家庭や地域における様々な問題を，協力・協働，健康・快適・安全，生活文化の継承，持続可能な社会の構築等の視点で捉え，一連の学習過程を通して身に付けた力を，生活をよりよくするために生かし，実践しようとする態度について示したものである。このような実践的な態度は，家庭分野で身に付けた力を家庭，地域から最終的に社会の中で生かし，社会を生き抜く力としていくために必要である。家庭分野で養うことを目指す実践的な態度には，前述の家族と協力し，地域の人々と協働しようとする態度のほかに，日本の生活文化を継承しようとする態度，生活を楽しみ，豊かさを味わおうとする態度，将来の家庭生活や職業との関わりを見通して学習に取り組もうとする態度なども含まれている。

　なお，「見方・考え方」と資質・能力は相互に支え合う関係であり，(1)，(2)，(3)のいずれにおいても「生活の営みに係る見方・考え方」を働かせ，協力・協働，健康・快適・安全，生活文化の継承の大切さへの気付き，持続可能な社会の構築等の視点で家族・家庭や地域における様々な問題を捉え，資質・能力の育成を図ることが大切である。

2　家庭分野の内容構成のポイント

　今回の改訂における内容構成は，小・中・高等学校の系統性の明確化，空間軸と時間軸の視点からの学習対象の明確化，学習過程を踏まえた育成する資質・能力の明確化の三つの考え方に基づいたものである。1で述べた資質・能力を育成するために「何を学ぶのか」内容構成のポイントは，次に示す通りである。

①小・中学校ともに「A家族・家庭生活」，「B衣食住の生活」，「C消費生活・環境」の三つの内容とし，各内容及び各項目の指導が系統的に行えるようにしている。

②空間軸と時間軸の視点から学習対象を捉え，学校段階を踏まえて指導内容を整理している。中学校における空間軸の視点：主に家庭と地域，時間軸の視点：これからの生活を展望した現在の生活

③各内容の各項目は，「知識及び技能」の習得に係る指導事項アと，アで習得した「知識及び技能」を活用して「思考力・判断力・表現力等」を育成することに係る指導事項イで構成し，学習過程を踏まえ，関連を図って取り扱うこととしている。

④「生活の課題と実践」については，各内容に位置付け，生徒の興味・関心や学校，

地域の実態に応じて，「A 家族・家庭生活」の(4)，「B 衣食住の生活」の(7)及び「C 消費生活・環境」の(3)の三項目のうち，一以上を選択して履修させることとしている。その際，他の内容と関連を図り，実践的な活動を家庭や地域などで行うことができるよう配慮することとしている。

⑤家族・家庭の基本的な機能については，「A 家族・家庭生活」の(1)「自分の成長と家族・家庭生活」に位置付け，家庭分野の各内容と関連を図るとともに，家族・家庭や地域における様々な問題を，協力・協働，健康・快適・安全，生活文化の継承，持続可能な社会の構築等の視点から捉え，解決に向けて考え，工夫することと関連付けて扱うこととしている。

⑥社会の変化に対応し，各内容を見直している。

・「A 家族・家庭生活」においては，少子高齢社会の進展に対応して，家族や地域の人々と関わる力の育成を重視し，高齢者など地域の人々と協働することや高齢者との関わり方について理解することなどを扱うこととしている。

・「B 衣食住の生活」においては，食育を一層推進するために，献立，調理に関する内容を充実するとともに，グローバル化に対応して，和食，和服など日本の生活文化の継承に関わる内容を扱うこととしている。

・「C 消費生活・環境」においては，持続可能な社会の構築に対応して，計画的な金銭管理，消費者被害への対応について扱うとともに，資源や環境に配慮したライフスタイルの確立の基礎となる内容を扱うこととしている。

⑥の A から C の各内容では「何を学ぶのか」，ここでは，新設の内容や取扱いを改めている内容を取り上げ，さらに詳しく解説する。各内容については，生活の科学的な理解を深めるための実践的・体験的な活動を充実することにも留意する必要がある。

1 「A 家族・家庭生活」

内容「A 家族・家庭生活」については，全ての生徒に履修させる(1)から(3)の項目と生徒の興味・関心や学校，地域の実態等に応じて選択して履修させる(4)「家族・家庭生活についての課題と実践」の4項目で構成されている。前述の通り，少子高齢社会の進展に対応して，幼児と触れ合う活動などを一層充実するとともに，高齢者など地域の人々と協働することについての内容（A(3)「家族・家庭や地域との関わり」のア(イ)）を新設している。家庭や地域との連携を図り，人と関わる活動を充実することにより，生徒が家庭生活や地域を支える一員であることを自覚できるようにすることを意図している。また，高齢者の身体の特徴を踏まえた関わり方についても理解できるようにし，高等学校家庭科の学習につなげるようにしている。さらに，第1学年の最初に履修させる A(1)において家族・家庭の基本的な機能を扱い，A から C の内容と関わらせて学習を進めることにより，家族・

家庭の基本的な機能が果たされることがよりよい生活を営むために大切であることに気付かせるようにしている。

2 「B 衣食住の生活」

　内容「B 衣食住の生活」については，全ての生徒に履修させる⑴から⑹の項目と生徒の興味・関心や学校，地域の実態等に応じて選択して履修させる⑺「衣食住の生活についての課題と実践」の 7 項目で構成されている。このうち，⑴から⑶までは食生活，⑷及び⑸は衣生活，⑹は住生活に係る項目である。また，B の内容の学習では，日本の伝統的な生活について学ぶことを通して，生活文化を継承しようとする態度を養うこととしている。

　内容「B　衣食住の生活」の**食生活**については，小・中学校の内容の系統性を図り，小・中学校ともに食事の役割，栄養・献立，調理の三つの内容とし，基礎的・基本的な知識及び技能を確実に習得できるようにしている。特に，調理の学習においては，義務教育段階における基礎的・基本的な知識及び技能の習得のため，小学校でのゆでる，いためるに加え，煮る，焼く，蒸す等の調理方法を扱うこととしている。また，「健康によい食習慣」を自分自身のこととして考えることができるようにするため，「中学生の栄養の特徴」とともに扱うこととしている。さらに，日本の食文化への理解を深めるために，地域の食材を用いた和食の調理（だしを用いた煮物又は汁物）を扱うこととしている。

　衣生活については，小学校と中学校の内容の系統性を図り，小・中学校ともに「生活を豊かにするための布を用いた製作」を扱い，製作における基礎的・基本的な知識及び技能の習得とともに，生活を豊かにしようとする態度の育成につなげるようにしている。中学校においては，資源や環境に配慮する視点から，衣服等の再利用の方法についても触れることとしている。また，⑷の衣服の計画的な活用においても，衣服の購入から廃棄までを見通し，資源や環境に配慮することの大切さに気付かせるようにしている。

　さらに，日本の生活文化についての理解を深めるために，衣服の機能（社会生活を営む上での機能）において，日本の伝統的な衣服である和服について触れることとしている。

　住生活については，中学校では，幼児や高齢者の家庭内の事故を防ぎ，自然災害に備えるための住空間の整え方を重点的に扱い，安全な住まい方の学習の充実を図っている。これは，少子高齢社会の進展や自然災害への対策が一層求められていることなどに対応したものである。また，小・中学校の内容を整理し，「音と生活とのかかわり」については，小学校で扱い，「住居の基本的な機能」の一部や，これまで中学校で扱っていた「室内の空気調節」については，小学校でも扱うこととしている。さらに，日本の生活文化への理解を深めるために，日本の伝統的な住様式等を扱うことなどが考えられる。

3 「C 消費生活・環境」

　内容「C 消費生活・環境」については，全ての生徒に履修させる(1)，(2)の項目と生徒の興味・関心や学校，地域の実態等に応じて選択して履修させる(3)「家族・家庭生活についての課題と実践」の３項目で構成されている。キャッシュレス化の進行に伴い，小・中・高等学校の内容の系統性を図り，中学校に金銭の管理に関する内容（C (1)「金銭の管理と購入」のア(ア)）を新設し，多様な支払い方法に応じた計画的な金銭管理が必要であることを理解できるようにしている。また，消費者被害の低年齢化に伴い，消費者被害の回避や適切な対応が重視されることから，「売買契約の仕組み」と関連させて消費者被害について扱うこととしている。「売買契約の仕組み」については，クレジットカードなどの三者間契約についても扱うこととしている。さらに，持続可能な社会の構築の視点から，消費生活と環境を一層関連させて学習できるようにし，消費者の権利と責任について理解するとともに，消費者としての責任ある消費行動を考え，環境に配慮したライフスタイルの確立の基礎を培うこととしている。

4 「生活の課題と実践」

　今回の改訂では，知識及び技能などを実生活で活用することを重視し，「生活の課題と実践」については，A，B，Cの各内容に位置付け，他の内容と関連を図り，実践的な活動を家庭や地域などで行うことができるよう配慮することとしている。具体的には，生徒の興味・関心や学校，地域の実態に応じて，「A 家族・家庭生活」の(4)，「B 衣食住の生活」の(7)，「C 消費生活・環境」の(3)の三項目のうち，一つ以上を選択して履修させることとしている。各学校においては，三学年間を見通して，「生活の課題と実践」をどの学年に，どの内容と関連を図って位置付けるのかを検討する必要がある。

(1)　「生活の課題と実践」のねらい

　この学習では，生活の中から問題を見いだして課題を設定し，様々な解決方法を考え，計画を立てて実践した結果を評価・改善し，考察したことを論理的に表現するなどの学習を通して，課題を解決する力と生活を工夫し創造しようとする実践的な態度を養うことをねらいとしている。このねらいを達成するためには，基礎となる学習と関連を図る内容を検討し，効果的に学習が展開できるよう題材の配列を工夫する必要がある。

(2)　履修の方法や時期

　各内容の「生活の課題と実践」の項目については，全ての生徒が履修する内容を学習した後に履修させる場合や，学習する途中で，「生活の課題と実践」と組み合わせて履修させる場合が考えられる。いずれの場合も，他の内容と関連を図り，三学年間で一つ以上選択して履修できるよう，生徒や学校，地域の実態に応じて，系統的な指導計画になるよう配慮する必要がある。また，履修の時期については，全ての生徒が履修する内容との組合

せ方により，学期中のある時期に集中させて実施したり，特定の期間を設けて継続的に実施したり，長期休業を活用して実施したりするなどの方法が考えられる。

⑶ 課題の設定

　衣食住などの生活を見直して課題を設定し，計画，実践，評価・改善という一連の学習活動を重視して問題解決的な学習を進めることが大切である。その際，課題の設定については，各内容の指導項目それぞれの指導事項ア及びイで身に付けた知識や生活経験などを基に問題を見いだし，生徒の興味・関心等に応じて，他の内容と関連させて課題を設定できるようにする（各指導項目の課題の設定については，資料１参照）。

　指導に当たっては，実生活と結び付けながら生活に生かしたいことを記録するなど，問題を見いだすことができるよう配慮する。さらに，計画をグループで発表し合ったり，実践発表会を設けたりするなどの活動を工夫し，実践の成果や課題が明確になるよう配慮する必要がある。

資料１ 「生活の課題と実践」のねらいと課題の設定例

		「A 家族・家庭生活」 ⑷家族・家庭生活についての課題と実践	「B 衣食住の生活」 ⑺衣食住の生活についての課題と実践	「C 消費生活・環境」 ⑶消費生活・環境についての課題と実践
指導項目		家族，幼児の生活又は地域の生活の中から問題を見いだして課題を設定し，その解決に向けてよりよい生活を考え，計画を立てて実践できること。	食生活，衣生活，住生活の中から問題を見いだして課題を設定し，その解決に向けてよりよい生活を考え，計画を立てて実践できること。	自分や家族の消費生活の中から問題を見いだして課題を設定し，その解決に向けて環境に配慮した消費生活を考え，計画を立てて実践できること。
ねらい		⑴から⑶の学習を基礎とし，「B衣食住の生活」や「C消費生活・環境」との関連を図り，家族，幼児の生活又は地域の生活の中から問題を見いだして課題を設定し，様々な解決方法を考え，計画を立てて実践した結果を評価・改善し，考察したことを論理的に表現するなどの学習を通して，課題を解決する力と生活を工夫し創造しようとする実践的な態度を養うこと	⑴から⑹の学習を基礎とし，「A家族・家庭生活」や「C消費生活・環境」との関連を図り，食生活，衣生活，住生活の中から問題を見いだして課題を設定し，様々な解決方法を考え，計画を立てて実践した結果を評価・改善し，考察したことを論理的に表現するなどの学習を通して，課題を解決する力と生活を工夫し創造しようとする実践的な態度を養うこと	⑴及び⑵の学習を基礎とし，「A家族・家庭生活」や「B衣食住の生活」との関連を図り，自分や家族の消費生活の中から問題を見いだして課題を設定し，様々な解決方法を考え，計画を立てて実践した結果を評価・改善し，考察したことを論理的に表現するなどの活動を通して，課題を解決する力と生活を工夫し創造しようとする実践的な態度を養うこと
課題の設定例	指導項目等	基礎：A⑵「幼児の生活と家族」 関連：B⑵「日常食の調理と地域の食文化」 関連：B⑸「生活を豊かにするための布を用いた製作」	基礎：B⑶「日常食の調理と地域の食文化」 関連：C⑵「消費者の権利と責任」	基礎：C⑴「金銭の管理と購入」 関連：A⑶「家族・家庭や地域との関わり」
	課題	・幼児のための間食を作ろう ・幼児のための遊び道具を作ろう	・環境に配慮した調理にチャレンジしよう	・我が家のテレビを買い換えよう
	学習活動	・幼児のための間食や遊び道具の製作の計画を立てて作ったり，作ったものを用いて幼児との触れ合い方や関わり方を工夫したりする。	・自分の食生活の課題を解決するための日常食について，食材や水，ガスを無駄なく使って調理する計画を立てて実践する。	・家族の話し合いなどを通して，家電製品（テレビ）を購入するために必要な情報を収集・整理し，購入方法や支払い方法について計画を立てて実践する。
	時期			

下線は関連を図る指導項目・指導事項　　　　　　　　　　　　　　　　　〈筒井 恭子〉

13

3 小・中学校の内容の系統性

1 「A 家族・家庭生活」

　内容「A 家族・家庭生活」は，表1に示す通り，小・中学校ともに四つの項目で構成しており，家族や地域の人々との協力・協働（小学校では「協力」）などの視点から小・中学校の学びを深めることができるようにしている。

　ここでは，「自分の成長と家族・家庭生活」「家族・家庭の機能」「家族関係」「家庭生活と地域」「異なる世代の人々との関わり」における小・中学校の系統性について解説する。

表1　小・中学校の「A 家族・家庭生活」の内容構成

小学校	中学校
(1) 自分の成長と家族・家庭生活 　ア　自分の成長の自覚，家庭生活と家族の大切さ，家族との協力	(1) 自分の成長と家族・家庭生活 　ア　自分の成長と家族・家庭生活との関わり，家族・家庭の基本的な機能，家族や地域の人々との協力・協働
(2) 家庭生活と仕事 　ア　家庭の仕事と生活時間 　イ　家庭の仕事の計画と工夫	(2) 幼児の生活と家族 　ア(ア) 幼児の発達と生活の特徴，家族の役割 　(イ) 幼児の遊びの意義　幼児との関わり方 　イ　幼児との関わりの工夫
(3) 家族や地域の人々との関わり 　ア(ア) 家族との触れ合いや団らん 　(イ) 地域の人々との関わり 　イ　家族や地域の人々との関わりの工夫	(3) 家族・家庭や地域との関わり 　ア(ア) 家族の協力と家族関係 　(イ) 家庭生活と地域との関わり，高齢者との関わり方 　イ　家庭生活をよりよくする方法及び地域の人々と協働する方法の工夫
(4) 家族・家庭生活についての課題と実践 　ア　日常生活についての課題と計画，実践，評価	(4) 家族・家庭生活についての課題と実践 　ア　家族，幼児の生活又は地域の生活についての課題と計画，実践，評価

※枠囲みは選択項目　3学年間で1以上を選択

　「**自分の成長と家族・家庭生活**」については，小学校での自分の成長の自覚，家庭生活と家族の大切さや家族との協力の学習を踏まえ，家族や地域の人々との協力・協働して家庭生活を営む必要があることに気付くことができるようにしている。

　「**家族・家庭の機能**」については，小学校での家庭の仕事の学習を踏まえ，家族・家庭の基本的な機能について扱うこととしている。「**家族関係**」については，小学校での家族との触れ合いや団らんの学習を踏まえ，家族の互いの立場や役割と協力することによって家族関係をよりよくできることについて扱うこととしている。

　「**家庭生活と地域**」については，小学校での地域の人々との関わりの学習を踏まえ，家庭生活と地域との関わり，高齢者など地域の人々との協働について扱うこととしている。「**異なる世代の人々との関わり**」については，小学校での幼児または低学年の児童及び高齢者など異なる世代の人々との関わりの学習を踏まえ，中学校では，幼児の発達と生活の特徴と子供が育つ環境としての家族の役割，幼児にとっての遊びの意義と幼児との関わり方，高齢者の身体の特徴と介護など高齢者との関わり方について扱うこととしている。また，介護については，立ち上がりや歩行など介助の方法について扱い，高等学校における高齢者の生活支援技術の基礎に関する学習につなげるようにする。

2 「B 衣食住の生活」の食生活

　内容「B 衣食住の生活」の食生活は，表２に示す通り，小・中学校ともに三つの項目で構成しており，健康・安全などの視点から小・中学校の学びを深めることができるようにしている。ここでは，「食事の役割」「栄養・献立」「調理」における小・中学校の系統性について解説する。

表２　小・中学校の「B 衣食住の生活」食生活の内容構成

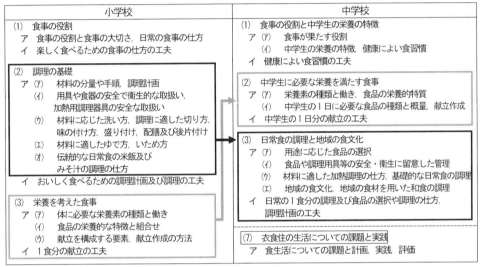

小学校	中学校
(1)　食事の役割 　ア　食事の役割と食事の大切さ，日常の食事の仕方 　イ　楽しく食べるための食事の仕方の工夫	(1)　食事の役割と中学生の栄養の特徴 　ア　(ｱ)　食事が果たす役割 　　　(ｲ)　中学生の栄養の特徴，健康によい食習慣 　イ　健康によい食習慣の工夫
(2)　調理の基礎 　ア　(ｱ)　材料の分量や手順，調理計画 　　　(ｲ)　用具や食器の安全で衛生的な取扱い， 　　　　　加熱用調理器具の安全な取扱い 　　　(ｳ)　材料に応じた洗い方，調理に適した切り方， 　　　　　味の付け方，盛り付け，配膳及び後片付け 　　　(ｴ)　材料に適したゆで方，いため方 　　　(ｵ)　伝統的な日常食の米飯及び 　　　　　みそ汁の調理の仕方 　イ　おいしく食べるための調理計画及び調理の工夫	(2)　中学生に必要な栄養を満たす食事 　ア　(ｱ)　栄養素の種類と働き，食品の栄養的特質 　　　(ｲ)　中学生の1日に必要な食品の種類と概量，献立作成 　イ　中学生の1日分の献立の工夫
(3)　栄養を考えた食事 　ア　(ｱ)　体に必要な栄養素の種類と働き 　　　(ｲ)　食品の栄養的な特徴と組合せ 　　　(ｳ)　献立を構成する要素，献立作成の方法 　イ　1食分の献立の工夫	(3)　日常食の調理と地域の食文化 　ア　(ｱ)　用途に応じた食品の選択 　　　(ｲ)　食品や調理用具等の安全・衛生に留意した管理 　　　(ｳ)　材料に適した加熱調理の仕方，基礎的な日常食の調理 　　　(ｴ)　地域の食文化，地域の食材を用いた和食の調理 　イ　日常の1食分の調理及び食品の選択や調理の仕方， 　　　調理計画の工夫 (7)　衣食住の生活についての課題と実践 　ア　食生活についての課題と計画，実践，評価

※枠囲みは選択項目　3学年間で1以上を選択

　「食事の役割」については，小学校での事の役割と食事の仕方の学習を踏まえ，生活の中で食事が果たす役割，食事を共にする意義や食文化の継承について扱うこととしている。

　「栄養」については，小学校での体に必要な栄養素の種類と主な働き，食品の栄養的な特徴と組み合わせの学習を踏まえ，中学生に必要な栄養の特徴と健康によい食習慣，栄養素の種類と働き（五大栄養素，水の働きや食物繊維）と食品の栄養的な特質（食品群），中学生の1日に必要な食品の種類と概量について扱うこととしている。

　「献立」については，小学校での1食分の献立作成の学習を踏まえ，中学校では，中学生に必要な栄養を満たす1日分の献立作成の方法について扱うこととしている。

　「調理」については，用途に応じた食品の選択について扱い，魚や肉などの安全と衛生に留意した管理についても扱うこととしている。材料に適した加熱調理の仕方については，小学校でのゆでる，いためる調理に加え，煮る，焼く，蒸す等について扱うこととしている。また，調理計画については，小学校では，1人で調理する場合の計画，中学校では，1食分を1人で調理する場合の計画についても考えることができるよう配慮し，高等学校における自己と家族の食生活の計画・管理に関する学習につなげるようにする。

さらに，小学校での米飯とみそ汁の調理や和食の基本となるだしの役割の学習を踏まえ，「地域の食材を用いた和食の調理」において，だしと地域又は季節の食材を用いた煮物又は汁物，地域の伝統的な行事食や郷土料理について扱うことで，だしや地域の食文化への理解を深め，高等学校における日本の食文化の継承・創造に関する学習につなげている。

3 「B 衣食住の生活」の衣生活

内容「B 衣食住の生活」の衣生活は，表3に示す通り，小・中学校ともに二つの項目で構成しており，健康・快適・安全などの視点から小・中学校の学びを深めることができるようにしている。ここでは，「衣服の機能」「着用」「選択・活用」「手入れ」「製作」における小・中学校の系統性について解説する。

表3　小・中学校の「B 衣食住の生活」衣生活の内容構成

小学校	中学校
(4)　衣服の着用と手入れ 　ア　(ア)　衣服の主な働き，日常着の快適な着方 　　　(イ)　日常着の手入れ， 　　　　　　ボタン付け及び洗濯の仕方 　イ　日常着の快適な着方や手入れの工夫 (5)　生活を豊かにするための布を用いた製作 　ア　(ア)　製作に必要な材料や手順，製作計画 　　　(イ)　手縫いやミシン縫いによる縫い方， 　　　　　　用具の安全な取扱い 　イ　生活を豊かにするための布を用いた物の製作計画 　　　及び製作の工夫	(4)　衣服の選択と手入れ 　ア　(ア)　衣服と社会生活との関わり，目的に応じた着用や個性を生 　　　　　　かす着用，衣服の選択 　　　(イ)　衣服の計画的な活用， 　　　　　　衣服の材料や状態に応じた日常着の手入れ 　イ　日常着の選択や手入れの工夫 (5)　生活を豊かにするための布を用いた製作 　ア　製作する物に適した材料や縫い方，用具の安全な取扱い 　イ　生活を豊かにするための資源や環境に配慮した布を用いた物の 　　　製作計画及び製作の工夫 (7)　衣食住の生活についての課題と実践 　ア　衣生活についての課題と計画，実践，評価

※枠囲みは選択項目　3学年間で1以上を選択

「**衣服の機能**」については，小学校での保健衛生上の働きと生活活動上の働きの学習を踏まえ，中学校では，衣服と社会生活との関わり（社会生活上の働き）について扱い，日本の伝統的な衣服である和服についても触れることとしている。

「**着用**」については，小学校での季節や状況に応じた快適な着方の学習を踏まえ，目的に応じた着用，個性を生かす着用について扱うこととしている。また，和服の基本的な着装を扱うこともできる。「**選択・活用**」については，小学校での季節や状況に応じた日常着の選び方の学習を踏まえ，既製服の適切な選択，資源や環境に配慮した衣服の計画的な活用について扱い，高等学校における健康で安全や環境に配慮した被服の計画・管理に関する学習につなげるようにする。

「**手入れ**」については，小学校での手洗いを中心とした洗濯の仕方の学習を踏まえ，衣服の材料（綿，毛，ポリエステルなど）に応じた日常着の手入れとして電気洗濯機を用いた洗濯（洗剤の種類と働き，材料と汚れに応じた洗い方）と補修を扱うこととしている。補修については，小学校では，ボタンの付け方を扱い，中学校では，まつり縫い，ミシンによるほころび直し，スナップ付けなどを扱うこととしている。

「**製作**」については，小・中学校ともに，生活を豊かにする物の製作について扱い，製作や製作品を活用することを通して，作る喜びや達成感を味わうことができるようにする。小学校での手縫いやミシン縫いによる袋物などの製作についての学習を踏まえ，製作する物に適した材料や縫い方，用具の安全な取扱い，衣服等の再利用の方法を扱うこととしており，資源や環境を大切にしようとする態度の育成につなげるようにする。

4 「B 衣食住の生活」の住生活

　内容「B 衣食住の生活」の住生活は，表4に示す通り，小・中学校ともに一つの項目で構成しており，健康・快適・安全などの視点から小・中学校の学びを深めることができるようにしている。ここでは，「住居の機能」「住居の計画」「住居の環境」「住居の管理」における小・中学校の系統性について解説する。

表4　小・中学校の「B 衣食住の生活」住生活の内容構成

小学校	中学校
(6)　快適な住まい方の工夫 　ア (ｱ)　　住まいの主な働き， 　　　　　季節の変化に合わせた生活の大切さや住まい方 　　 (ｲ)　　住まいの整理・整頓や清掃の仕方 　イ　季節の変化に合わせた住まい方，整理・整頓や清掃の仕方の工夫	(6)　住居の機能と安全な住まい方 　ア (ｱ)　　家族の生活と住空間との関わり，住居の基本的な機能 　　 (ｲ)　　家族の安全を考えた住空間の整え方の工夫 　イ　家族の安全を考えた住空間の整え方の工夫 (7)　衣食住の生活についての課題と実践 　ア　住生活についての課題と計画，実践，評価

※枠囲みは選択項目　3学年間で1以上を選択

「**住居の機能**」については，主として心身の安らぎと健康を維持する働き，子供が育つ基盤としての働きについて扱うこととしている。これまで中学校で扱っていた雨や風，暑さ・寒さなどの過酷な自然から人々の生活を守る生活の器としての働きついては小学校で扱うこととしている。「**住居の計画**」については，小学校での身の回りの整理・整頓の仕方の学習を踏まえ，家族の生活行為と住空間の使い方の大切さ，簡単な図などによる住空間の構想について扱うこととしている。

「**住居の環境**」については，小学校では，暑さ・寒さへの対処の仕方と通風・換気との関わり，適切な採光及び音について扱い，中学校では，室内の空気環境（一酸化炭素や化学物質などの空気汚染）が家族の健康に及ぼす影響について扱うこととしている。これまで中学校で扱っていた音，結露やカビ・ダニ等の発生の防止については小学校で扱うこととしている。

「**住居の管理**」については，小学校での住まいの整理・整頓や清掃の仕方の学習を踏まえ，幼児や高齢者に多い家庭内の事故の防ぎ方や自然災害に備えるための住空間の整え方など，家族の安全を考えた住空間の整え方について扱い，高等学校における防災などの安全や環境に配慮した住生活に関する学習につなげている。

5 「C 消費生活・環境」

　内容「C 消費生活・環境」は，表5に示す通り，小・中学校ともに四つの項目で構成しており，持続可能な社会の構築などの視点から小・中学校の学びを深めることができるようにしている。ここでは，「金銭管理」「物資・サービスの選択と購入」「売買契約と消費者被害」「消費者の権利と責任」「環境に配慮したライフスタイル」における小・中学校の系統性について解説する。

表5　小・中学校の「C 消費生活・環境」の内容構成

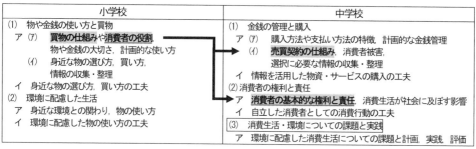

※枠囲みは選択項目　3学年間で1以上を選択

　「**金銭管理**」については，小学校での計画的な使い方の学習を踏まえ，購入方法と支払い方法の特徴，生活に必要な物資・サービスについての金銭の流れの把握と多様な支払い方法に応じた計画的な金銭管理の必要性について扱い，高等学校における長期的な経済計画や家計収支等に関する学習につなげるようにする。

　「**物資・サービスの選択**」については，小学校での身近な物の選び方，現金による店頭での買物，購入するために必要な情報の収集・整理の学習を踏まえ，中学生の身近な消費行動と関連を図った物資・サービスを取り上げ，インターネットを介した通信販売等の無店舗販売，購入方法や支払い方法（前払い，即時払い，後払い，クレジットカードによる三者間契約）の特徴について扱うこととしている。

　「**売買契約と消費者被害**」については，小学校での買物の仕組みの学習を踏まえ，売買契約の仕組み（未成年・青年の法律上の責任の違い，三者間契約など）を消費者被害と関連させて扱い，中学生の身近な消費行動と関連を図った事例を取り上げ，消費者被害の背景とその対応について扱うこととしている。

　「**消費者の権利と責任**」については，小学校での消費者の役割の学習を踏まえ，身近な消費者被害と関連させて扱うこととしている。また，環境や社会に及ぼす影響については，消費者の責任と関連させて扱うこととしている。

　「**環境に配慮したライフスタイル**」については，小学校での環境に配慮した生活の学習を踏まえ，消費生活が環境や社会に及ぼす影響，限りある資源の有効な活用について扱い，高等学校における持続可能なライフスタイルと環境に関する学習につなげている。

〈永田　晴子〉

家庭分野を「どのように学ぶのか」

1 家庭分野における学習過程と題材構成

1 技術・家庭科　家庭分野における学習過程

　家庭分野を「どのように学ぶのか」，ここでは，Ⅰ章において述べた三つの柱に沿った資質・能力を育成する学びの過程について述べる。

　平成28年12月中教審答申では，「家庭科，技術・家庭科 家庭分野で育成することを目指す資質・能力は，『生活の営みに係る見方・考え方』を働かせつつ，生活の中の様々な問題の中から課題を設定し，その解決を目指して解決方法を検討し，計画を立てて実践するとともに，その結果を評価・改善するという活動の中で育成できる」とし，その学習過程を以下のような4段階で示している。

家庭科，技術・家庭科（家庭分野）の学習過程のイメージ

生活の課題発見	解決方法の検討と計画		課題解決に向けた実践活動	実践活動の評価・改善		家庭・地域での実践
既習の知識・技能や生活経験を基に生活を見つめ，生活の中から問題を見出し，解決すべき課題を設定する	生活に関わる知識・技能を習得し，解決方法を検討する	解決の見通しをもち，計画を立てる	生活に関わる知識・技能を活用して，調理・製作等の実習や，調査，交流活動などを行う	実践した結果を評価する	結果を発表し，改善策を検討する	改善策を家庭・地域で実践する

【目指す資質・能力と学習評価の場面の例】

知識	生活課題を解決するための根拠となる知識の習得 / 生活の営みに係る見方・考え方を踏まえた活用できる知識の習得
技能	生活課題を解決するための技能の習得 / 実生活に活用できる技能の習得

思考力・判断力・表現力
- 生活の中から問題を見出し，解決すべき課題を設定する力
- 生活課題について多角的に捉え，解決策を構想する力
- 実習や観察・実験の結果等について，考察したことを表現する力
- 他者と意見交流し，実践等について評価・改善する力

態度（学びに向かう）
- ○ (小) 家族の一員として，生活をよりよくしようと工夫する実践的な態度
　(中) 家族や地域の人々と協働し，よりよい生活の実現に向けて，生活を工夫し創造しようとする実践的な態度
　(高) 相互に支え合う社会の構築に向けて，主体的に地域社会に参画し，家庭や地域の生活を創造しようとする実践的な態度
- ○生活を楽しみ，味わい，豊かさを創造しようとする態度
- ○日本の生活文化を大切にし，継承・創造しようとする態度

※上記に示す各学習過程は例示であり，上例に限定されるものではないこと

　図の上半分は，技術・家庭科（家庭分野）の学習過程について示している。図の下半分は，4段階で構成される一連の問題解決的な学習過程に，家庭分野で育成を目指す資質・能力の三つの柱を位置付け，該当する資質・能力の学習評価の場面であることを示したものである。

⑴　生活の課題発見

　この段階では，既習の知識及び技能や生活経験を基に家族・家庭や地域における生活を見つめることを通して，問題を見いだし，解決すべき課題を設定する力を育成する。その

際，自分の生活の実態に基づいて問題を認識し，解決すべき課題について考え，課題を明確化することが求められる。

⑵　解決方法の検討と計画

　この段階では，生活に関わる知識及び技能を習得し，解決策を構想し，解決の見通しをもって計画を立てる際，生活課題について多角的に捉え，解決方法を検討し，計画，立案する力を育成する。その際，他者からの意見等を踏まえて，計画を評価・改善し，最善の方法を判断・決定できるようにすることが求められる。

⑶　課題解決に向けた実践活動

　この段階では，学習した知識及び技能を活用し，調理・製作等の実習や，調査，交流活動等を通して，課題の解決に向けて実践する力を育成する。その際，知識及び技能を活用することにより，その一層の定着を図ることが求められる。

⑷　実践活動の評価・改善

　この段階では，実践した結果等を振り返り，考察したことを発表し合い，他者からの意見を踏まえて改善策を検討するなど，実践活動を評価・改善する力を育成する。その際，考察したことを根拠や理由を明確にして筋道を立てて説明したり，発表したりできるようにすることが求められる。

　なお，この学習過程は，生徒の状況や題材構成等に応じて異なることに留意する。

　家庭分野においては，このような一連の学習過程を通して，よりよい生活の実現に向けて，身近な生活の課題を主体的に捉え，具体的な実践を通して，課題の解決を目指している。そのため，生徒が課題を解決できた達成感や，実践する喜びを味わい，次の学習に主体的に取り組むことができるようにしたい。また，3学年間を見通して，このような学習過程を工夫した題材を計画的に配列し，課題を解決する力を養うことが大切である。

2　家庭分野における題材構成

　題材構成と学習過程との関連については，内容「A 家族・家庭生活」から「C 消費生活・環境」までの各項目における指導事項のアで身に付けた「知識及び技能」を指導事項イにおいて活用し，「思考力・判断力・表現力等」を育み，家庭や地域での実践につなげることができるよう題材を構成し，効果的な指導を工夫することが大切である。例えば，調理や製作などでは，基礎的・基本的な知識及び技能の十分な定着を図るために，基礎的な教材で習得した知識及び技能を応用的な教材で活用するなど，教材を工夫して題材を構成することも必要である。また，家庭や地域での実践についても一連の学習過程として位置付けることが考えられる。A から C の各内容における「生活の課題と実践」では，家庭や地域での実践により，実生活で活用する力を育成することができる。家庭分野においては，資質・能力の三つの柱をバランスよく実現することに留意し，学習過程を生かして題材全体をデザインすることが大切である。

2 家庭分野における「主体的・対話的で深い学び」の実現に向けた授業改善

　ここでは，前述の家庭分野の学習過程を踏まえて「どのように学ぶのか」，「主体的な学び」「対話的な学び」「深い学び」の視点から，「見方・考え方」を働かせて資質・能力を育成する授業づくりについて述べる。

　技術・家庭科の指導に当たっては，⑴「知識及び技能」が習得されること，⑵「思考力，判断力，表現力等」を育成すること，⑶「学びに向かう力，人間性等」を涵養することが偏りなく実現されるよう，題材など内容や時間のまとまりを見通しながら，主体的・対話的で深い学びの実現に向けた授業改善を行うことが重要である。主体的・対話的で深い学びは，必ずしも１単位時間の授業の中で全てが実現されるものではない。題材など内容や時間のまとまりの中で，例えば，主体的に学習に取り組めるよう学習の見通しを立てたり，学習したことを振り返ったりする場面をどこに設定するのか，対話によって自分の考えなどを広げたり深めたりする場面をどこに設定するのか，学びの深まりをつくりだすために，生徒が考える場面と教師が教える場面をどのように組み立てるのか，といった視点で授業改善を進めることが求められる。また，生徒や学校の実態に応じ，多様な学習活動を組み合わせて授業を組み立てていくことが重要であり，基礎的・基本的な「知識及び技能」の習得に課題が見られる場合には，それを身に付けるために，生徒の主体性を引き出すなどの工夫を重ね，確実な習得を図ることが大切である。

　「主体的な学び」 の視点については，現在及び将来を見据えて，生活や社会の中から問題を見いだして課題を設定し，見通しをもって解決に取り組んだり，学習の過程を振り返って実践を評価・改善して，新たな課題に主体的に取り組んだりすることがポイントとなる。

　題材を通して見通しをもたせる場面では，何のために学習するのか，その目的を明確にすることによって，生徒が学ぶ意義を自覚できるようにすることが大切である。そのためには，家族・家庭や地域における生活の営みへの興味・関心を喚起し，家族・家庭や地域における生活の中から問題を見いだして課題を設定し，その解決に取り組むことができるようにしたい。例えば，「地域に伝わる郷土料理は，どのように作るとよいのだろう？」という題材を通した課題をもち，追究する生徒の意識の流れに沿って学習が展開するよう学習過程を工夫することが大切である。「なぜ，そのようにするのだろう？」と調理の手順に疑問をもち，試行錯誤する活動を通して基礎的・基本的な知識及び技能の習得に粘り強く取り組むことができるようにする。

　題材を振り返る場面では，実践を評価し，改善策を構想したり，新たな課題を見付け，次の学びにつなげたりするなど，生徒が，生活の課題を解決しようと学び続けることができるようにすることが重要である。そのためには，学習した内容を実際の生活で生かす場面を設定し，自分の生活が家庭や地域社会と深く関わっていることを認識したり，自分が

社会に参画できる存在であることに気付いたりすることができる活動などを充実させる必要がある。こうした「主体的な学び」が実現することによって，家族・家庭や地域の生活の営みを大切にし，よりよくしようと工夫する実践的な態度も養われる。また，題材によって，例えば，幼児との触れ合いや調理，製作等の学習活動などは，生徒が学びと自身のキャリア形成とを関連付け，働くことの意義を見いだしたり，将来の職業を選択したりすることにつながるものである。さらに，これらの学習活動を通して，幼児や高齢者など，人とよりよく関わろうとする態度や，家族や地域の人々と協力・協働しようとする態度，製作等に粘り強く継続して取り組もうとする態度などを育み，成就感や達成感を味わわせることが学びに向かう意欲を高めることにつながる。

　「対話的な学び」の視点については，他者と対話したり協働したりする中で，自らの考えを明確にしたり，広げ深めたりすることがポイントとなる。「対話的な学び」は，題材のあらゆる場面で設定することが考えられる。例えば，解決方法を探る場面では，試しの活動や実験・実習等を協働して行い，その結果をグループで話し合うことにより，自分の考えと友達の考えの共通点や相違点を見付け，より深く考えることができる。その際，グループの考えをホワイトボードに整理し，それらを集約・分類するなど，互いの考えを可視化し，比較できるようにすることが大切である。実践の振り返りでは，グループでそれぞれが発表して終わるのではなく，「なぜ，その方法にしたのか？」など，ペアで聞き合うなどの活動も考えられる。また，家庭分野においては，家族・家庭や地域の生活における課題を解決するために，家族や地域，企業の人々にインタビューしたり，学んだりする活動などが取り入れられている。家族や地域の人々など他者との関わりを通して，生徒が自分の考えを明確にし，考えを広げることができるようにすることが大切である。

　さらに，教師と生徒との対話においては，個々の生徒の家庭の状況を踏まえて，生徒が安心して学習に取り組み，家族・家庭や地域の生活を見つめることができるようにすることが大切である。

　「深い学び」の視点については，生徒が生活や社会の中から問題を見いだして課題を設定し，その解決に向けた解決策の検討，計画，実践，評価・改善といった一連の学習活動の中で，生活の営みに係る見方・考え方や技術の見方・考え方を働かせながら課題の解決に向けて自分の考えを構想したり，表現したりして，資質・能力を獲得することがポイントとなる。課題解決に向かう中で，生徒が既習事項や生活経験と関連付けて意見交流したり，家庭や地域で調べたことを発表し合ったりする活動を通して，「生活の営みに係る見方・考え方」を拠り所として，解決方法を検討する。また，実践活動を振り返る中でこの見方・考え方を働かせて改善策を構想する。こうした学習過程において，生徒が「生活の営みに係る見方・考え方」を働かせることができていたかを確認しつつ，指導の改善につなげることが大切である。

　このような学びを通して，生活や技術に関する事実的知識が概念的知識として質的に高まったり，技能の習熟・定着が図られたりする。また，このような学びの中で「対話的な

学び」や「主体的な学び」を充実させることによって，技術・家庭科が育成を目指す思考力，判断力，表現力等も豊かなものとなり，生活や技術についての課題を解決する力や，生活や技術を工夫し創造しようとする態度も育まれる。「深い学び」の視点から授業改善し，生徒が「見方・考え方」を働かせて学ぶことができるような授業デザインを考えることが求められている。

技術・家庭科　家庭分野における「見方・考え方」

　「主体的・対話的で深い学び」の実現に向けた授業改善を進めるに当たり，特に，「深い学び」の視点に関して，家庭分野における学びの深まりの鍵となるのが，目標の柱書に示されている「生活の営みに係る見方・考え方」，すなわち，技術・家庭科　家庭分野の特質に応じた物事を捉える視点や考え方である。「教科等の教育と社会をつなぐ（答申）」，大人になって生活をしていく際にも重要な働きをするものでもある。「生活の営みに係る見方・考え方」を働かせとは，家庭分野が学習対象としている「家族や家庭，衣食住，消費や環境などに係る生活事象を，協力・協働，健康・快適・安全，生活文化の継承・創造，持続可能な社会の構築等の視点で捉え，生涯にわたって，自立し共に生きる生活を創造できるよう，よりよい生活を営むために工夫すること」を示したものである。

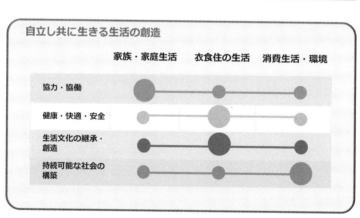

※主として捉える視点については大きい丸で示している。

　図は，「生活の営みに係る見方・考え方」における内容と視点の関係について示したものである。この考え方を踏まえ，例えば，家族・家庭生活に関する内容においては，主に「協力・協働」，衣食住の生活に関する内容においては，主に「健康・快適・安全」や「生活文化の継承・創造」，さらに，消費生活・環境に関する内容においては，主に「持続可能な社会の構築」の視点から物事を考察することが考えられる。今回の改訂では，小・中学校においては，Ａ，Ｂ，Ｃの三つの内容としており，それぞれの内容は，「生活の営みに

係る見方・考え方」に示した主な視点が共通する枠組でもある。なお，中学校においては，「生活の営みに係る見方・考え方」のうち，「生活文化の継承・創造」については「生活文化を継承する大切さに気付くこと」を視点として扱うことに留意する。この「見方・考え方」に示される視点は，家庭分野で扱う全ての内容に共通する視点であり，相互に関わり合うものである。したがって，生徒の発達の段階を踏まえるとともに，取り上げる内容や題材構成等によって，いずれの視点を重視するのかを適切に定めることが大切である。技術・家庭科　家庭分野の題材は，複数の内容から構成する場合が多いことから，図に示す考え方を踏まえて，題材における見方・考え方の視点の重点の置き方を検討する必要がある。

3 家庭分野の特質を踏まえた ICT の活用

　家庭分野の授業は，衣食住などに関する実践的・体験的な活動を通して，生活の自立に必要な知識及び技能を身に付け，これからの生活を展望して家族・家庭や地域における生活の課題を解決し，家庭や地域で実践できるようにすることを目指している。そのため，前述の一連の学習過程で ICT の活用により，生徒が具体的なイメージをもって課題を設定し，見通しをもって学習を進めたり，互いの考えを共有して思考を深めたり，振り返って新たな課題を見付けたりする活動を工夫することが重要である。今回の改訂における主体的・対話的で深い学びの実現には，生徒の思考の過程や結果を可視化したり，大勢の考えを瞬時に共有化したり，情報を収集し編集することを繰り返し行い試行錯誤したりする学習場面において，コンピュータや情報通信ネットワークの積極的な活用が求められている。家庭分野においては，課題解決に向けて計画を立てる場面において，情報通信ネットワークを活用して情報を収集・整理したり，実践を評価・改善する場面において，コンピュータを活用して実践の結果をまとめ，発表したりすることが考えられる。一人一台端末などの環境整備が進められる中，ここでは，各学習過程における家庭分野の特質を踏まえた ICT の効果的な活用について考察する。

1 生活を見つめ，課題を設定し，学習の見通しをもつ場面

　題材の導入で，生活場面の写真や動画を用いることにより，「何が課題なのか」を見付けたり，「なぜそのようにするのか」について考えたりして，学習への興味・関心が高まり，意欲的に取り組むことができる。例えば，自然災害（地震）の前後の部屋の写真を二画面で投影することにより，自然災害への備え（家具の転倒等）の必要性を実感し，課題を設定することができる。また，中学生に身近な消費者被害に関する映像により，売買契約の仕組みや消費者被害への対応について課題を設定し，学習の見通しをもつことができる。

さらに，ビデオ通話などを活用し，地域の人へのインタビューなどから課題をつかむことが考えられる。

2 知識及び技能を習得し，解決方法を検討する場面

　拡大・動画等の機能を活用することにより，学習内容の理解を図ることができる。例えば，調理や製作の示範で実物投影機や動画資料を用いることにより，教師の細かな手の動きが拡大され，生徒は，そのポイントを明確につかむことができる。「まつり縫いによる裾上げ」や「スナップ付け」などをタブレット端末を用いて動画で何度も確認しながら練習し，技能の習得を図ることができる。「包丁の扱い方や材料の切り方」における手の使い方・動かし方などについても動画を用いることにより同様の効果が期待できる。また，ビデオ通話などを活用し，専門家への直接のインタビューから作り方や消費者被害への対応のポイントをつかむことが考えられる。さらに，実験，実習等で活用することにより，実感を伴って理解を深め，解決方法を検討することができる。例えば，デジタル教材を用いて「洗剤の働き」などを可視化することにより，科学的な理解を深めたり，「衣服材料による汚れの落ち方」や「調理に伴う食品の変化」などの実験，実習の結果をコンピュータを活用して図表やグラフ，写真等を用いてまとめ，発表したりする活動などが考えられる。

3 解決の見通しをもち，計画を立てる場面

　調理や製作，献立作成など，生徒が各自の課題に取り組む際，デジタル教材等を活用することが考えられる。例えば，衣服等の再利用の方法や作り方などの情報をインターネットで収集して製作計画を立てたり，動画で蒸し野菜サラダのイメージを膨らませ，調理計画を立てたり，献立作成ソフトウェアを活用して1日分の献立の栄養バランスを確認したりすることが考えられる。また，教師がそれらをタブレット端末で撮影し，電子黒板に映して共有し，自分の計画や献立を見直すことが考えられる。

4 調理・製作等の実践活動を行う場面

　調理や製作の過程で，例えば，「切り方」や「縫い方」の動画を活用することにより，一人一人の理解やつまずきの状況に応じた学びを進めることができ，生徒の知識及び技能の定着につながる。また，一人一人が異なる物を製作したり，調理したりする場合，生徒の技能や進度に応じた学習を進める上で有効である。さらに，実践活動においては，注目したいプロセスや完成した作品・料理などを動画や写真として撮影し，それを振り返りに活用したり，作品集やレシピ集の資料としたりすることが考えられる。

5　実践活動を振り返り，評価・改善する場面

　生徒同士がペアになり，タブレット端末を用いて友達の調理の様子や縫い方などを撮影し合い，自らの調理や製作等について振り返ることにより，次の課題を見付けたり，繰り返し再現して技能を身に付けたりすることができる。また，幼児との触れ合い体験の様子を大画面で共有し，自分の幼児との関わり方に生かすことができる。さらに，なぜ，そのように評価したのか，相互評価の根拠としても活用することが考えられる。なお，改善策を家庭や地域で実践する場合，例えば，地域の食材を用いた献立や調理の発表，「生活の課題と実践」の実践発表会などにおいても撮影した写真や動画等を用いて互いの工夫点を学び合うことが考えられる。その際，ビデオ通話などを活用し，専門家から直接アドバイスをもらい，改善に生かすことなどが考えられる。

　このように，家庭分野の特質や学習過程を踏まえて，デジタル教材やタブレット端末，電子黒板等ICTを活用し，主体的・対話的で深い学びの実現に向けた授業改善につなげることが重要である。その際，ICTは，資質・能力の育成により効果的な場合に活用する。一人一人の反応を踏まえた双方向型の一斉授業や学習状況に応じた個別学習が可能となる一人一台端末の活用についても検討し，学習指導を一層充実することを期待したい。

4 家庭や地域社会などとの連携

　家庭分野の学習指導を進めるに当たっては，家庭や地域社会における身近な課題を取り上げて学習したり，学習した知識及び技能を実際の生活で生かす場面を工夫したりするなど，生徒が学習を通して身に付けた資質・能力を生活における問題解決の場面に活用できるような指導が求められる。学習したことを衣食住などの生活に生かし継続的に実践することは，知識及び技能などの定着を図るとともに，学習した内容を深化・発展させたり，生活の価値に気付かせたり，生活の自立や将来の生活への展望をもたせたりすることにつながる。そのことによって，生徒は，生活との関わりを一層強く認識したり，生活に関する様々なものの見方や考え方に気付いたり，自分の生活が家庭や地域社会と深く関わっていることや自分が社会に貢献できる存在であることにも気付いたりする。特に，家庭分野の指導事項「生活の課題と実践」においては，家庭や地域社会との連携を積極的に図り，効果的に学習が進められるよう配慮する必要がある。また，幼稚園，保育所，認定こども園や，消費生活センターなどの各種相談機関等との連携を図ったり，生活文化の継承の大切さなどを伝える活動などに地域の人を招いたり，インタビューしたりすることにより，効果的な学習を展開することができる。そのため，人的又は物的な支援体制を地域の人々の協力を得ながら整えるなど，地域社会との連携を図ることが大切である。

〈筒井 恭子〉

5 ３学年間を見通した指導計画作成のポイント

　家庭分野の指導計画は，技術・家庭科の３学年間を見通した全体的な指導計画を踏まえて検討する。

　家庭分野の目標と内容は３学年間まとめて示されていることから，指導計画を作成する際には，生徒や学校，地域の実態に応じて適切な題材を設定し，３学年間を見通して効果的に配列する必要がある。題材の構成に当たっては，家庭生活を総合的に捉えることができるよう，関連する内容の組み合わせを工夫し，効果的な学習が展開できるよう配慮することが大切である。題材の設定に当たっては，小学校における家庭科の指導内容や中学校の他教科等との関連を図るとともに，高等学校における学習を見据え，家庭分野のねらいを十分達成できるようにする。また，生徒の発達の段階に応じて，興味・関心を高めるとともに，生徒の主体的な学習活動や個性を生かすことができるようにする。さらに，生徒の身近な生活との関わりや社会とのつながりを重視し，家庭や地域社会における実践に結び付けることができるように配慮する。

1 指導計画作成のためのチェックポイント

指導計画を作成する際には，次の５点について確認することが大切である。

□① 家庭分野で育成を目指す資質・能力が明確になっていますか。
・家庭分野の内容「Ａ家族・家庭生活」，「Ｂ衣食住の生活」，「Ｃ消費生活・環境」の各項目や指導事項で育成する資質・能力を確認する。

□② ３学年間の指導の流れを考え，題材を配列していますか。
・Ａ(1)アは，第１学年の最初にガイダンスとして履修する。家族・家庭の機能についてはＡからＣまでの各内容との関連を図る。
・各内容の「生活の課題と実践」の項目Ａ(4)，Ｂ(7)，Ｃ(3)については，他の内容と関連を図り，３学年間でこれら三項目のうち，一以上選択して履修するとともに，実践的な活動を家庭や地域などで行うことができるよう配慮する。

□③ 指導内容の関連を図って題材を構成していますか。
・Ｂ(6)「住居の機能と安全な住まい方」のア及びイについては，内容のＡ(2)「幼児の生活と家族」及び(3)「家族・家庭や地域との関わり」との関連を図り，題材を設定する。
・Ｃ(1)「金銭の管理と購入」及び(2)「消費者の権利と責任」については，内容のＡはＢとの関連を図り，題材を設定する。

□④ 各題材に適切な授業時数を配当していますか。

□⑤　指導すべき内容に漏れがないかを確認していますか。

2　他教科等との関連を図るために

　各教科等の学びは相互に関連し合っていることから，年間指導計画を作成する際には，まず，家庭分野と他教科等との関連を明確にし，他教科等の学習状況を把握する。次に，他教科等の学習時期を考慮して題材の設定や配列を工夫する。

3　小学校の学習を踏まえた系統的な指導計画を作成するために

　小学校家庭科の各内容，中学校との系統性について確認するとともに，生徒の知識及び技能等の習得状況を把握する。例えば，第1学年のガイダンスで，小学校の学習を振り返り，これからの学習に見通しをもたせるようにすることが大切である。また，小学校の指導内容を明確にした上で，高等学校の学習を見据えて題材を設定し，段階的に配列するよう工夫する。

4　指導計画例

　1で述べたチェックポイント⑤については，下記の内容確認表等を用いて確認する。

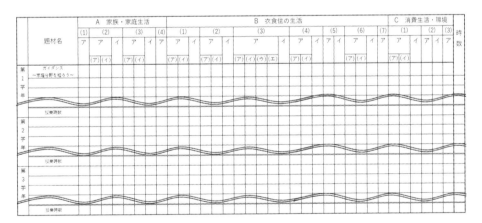

授業時数

内容	A				B							C			合計
項目	(1)	(2)	(3)	(4)	(1)	(2)	(3)	(4)	(5)	(6)	(7)	(1)	(2)	(3)	
第1学年	2		2		3	4	14				3食	5	2		35
第2学年			6					8	6	6	3住		6		35
第3学年		14					4								18
内容ごとの合計	24				25			14		6	6	13			88

下記の表は，「年間指導計画例1」の配当授業時数の例である。内容の「A家族・家庭生活」から「C消費生活・環境」までの各項目に該当する授業時数及び各項目の履修学年については，生徒や学校，地域の実態に応じて，各学校で3学年間を見通して履修学年や指導内容を適切に配列するとともに，適切な授業時数を配当することが大切である。

(1) 年間指導計画例 1

この例は，内容「A家族・家庭生活」を3学年間にわたって学習することにより，自分や家庭生活と地域との関わりという空間的な広がりと幼児から中学生の自分という時間的な広がりを意識し，これからの生活を展望して，家族・家庭や地域における生活の課題を解決する力を養うことをねらいとしている。

「生活の課題と実践」については，B(7)「衣食住の生活についての課題と実践」を選択している。第1学年においては，B(2)「中学生に必要な栄養を満たす食事」，B(3)「日常食の調理と地域の食文化」の学習を基礎とし，C(2)「消費者の権利と責任」の学習と関連を図って課題を設定し，環境に配慮した食生活に関しての学習を立てて，実践することができるようにしている。B(6)「住居の機能と安全な住まい方」の学習を基礎とし，A(3)「家族・家庭や地域との関わり」の学習を関連させて課題を設定し，自然災害（地震）に備えた住生活の計画を立てて，実践することができるようにしている。

※網掛けは内容「A家族・家庭生活」

資料1　題材構想図

　次に示す題材構想図は，「年間指導計画例1」の第2学年の題材について示したものである。

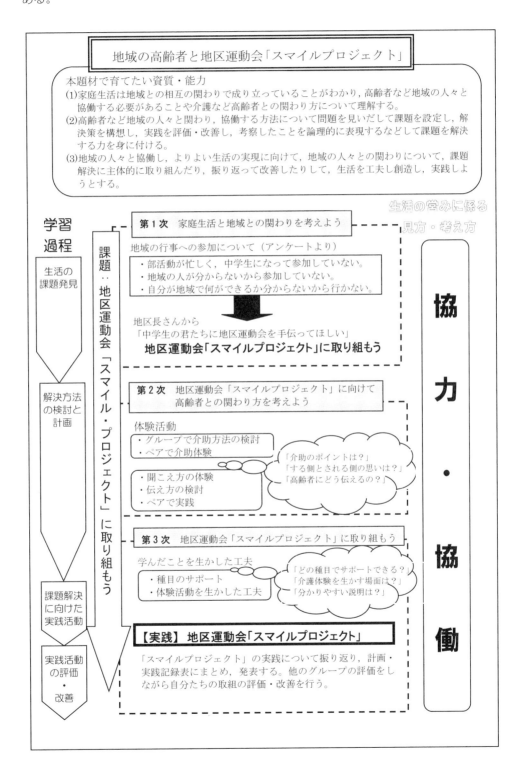

資料 2　他教科等との関連を図った指導計画例

　次に示す表は,「年間指導計画例 1」の第 1 学年について, 各教科, 総合的な学習の時間,
特別活動, 特別の教科　道徳との関連を整理したものである。

家庭分野			他教科等との関連		
題材名	時数	指導内容	各教科	総合的な学習の時間 特別活動	道徳
自分の成長と 家族・家庭生活	2	A(1)ア		(特別活動) 日常の生活や学習への適 応と自己の成長及び健康 安全	C-(14)家族愛, 家 庭生活の充実
家族・家庭生活と 地域	2	A(3)ア (ア) イ			B-(6)思いやり, 感 謝
食事の役割と 食習慣	3	B(1)ア (ア)(イ) イ	(保健体育) 生活習慣と健康	(特別活動) 心身ともに健康で安全な 生活態度や習慣の形成	B-(2)節度・節制
中学生に必要な栄養 を満たす食事	4	B(2)ア (ア)(イ) イ	(理科) 動物の体のつくり と働き	(特別活動) 食育の観点を踏まえた学 校給食と望ましい食習慣 の形成	
食品の選択と 購入	3	B(3)ア (ア)(イ)			
肉の調理	5				
魚の調理	3	B(3)ア (ア)(イ)(ウ) イ			
だしを用いた調理	3				C-(15)伝統と文化 の尊重
持続可能な食生活	2	C(2)ア	(理科) 生物と環境 (保健体育) 健康と環境		C-(20)自然愛護
食生活プロジェクト	3	B(7)ア		(総合的な学習の時間) 環境問題と食生活	
金銭の管理と購入	5	C(1)ア (ア)(イ) イ	(社会) 国民の生活と政府 の役割		

(2)　年間指導計画例　2

この例は、持続可能な社会の構築を目指し、内容「C消費生活・環境」を第1学年及び第2学年に位置付けるとともに、内容「B衣食住の生活」の衣服の選択と購入や調理の学習との関連を図り、これからの生活を展望して、自分や家族の身近な消費生活と環境についての課題を解決する力を養うことをねらいとしている。

週（時）数	1	2	3	4	5	6	7	8	9	10	11	12	13	14	15	16	17	18	19	20	21	22	23	24	25	26	27	28	29	30	31	32	33	34	35

第1学年

- 題材：自分の成長と家族・家庭生活／家族・家庭と家庭生活／金銭の管理と購入／持続可能な消費生活／日常着の手入れ／衣服の選択／生活を豊かにするための布を用いた製作／住居の機能と住まい方
- 指導内容：家族・家庭分野のガイダンス／自分の成長と家族／家庭の機能／家族・家族関係／よりよい家族関係／購入方法と支払い方法／消費者被害と支払い／計画的な金銭管理／消費生活と環境／商品の選択と情報／持続可能で環境に配慮した生活と消費行動／日常着の手入れ（洗濯）／日常着の手入れ（補修）／衣服の再利用／製作に必要な生地や材料を用いた製作／住居の機能／家族の生活と空間／自然災害に備えた住空間の整え方／家庭内の事故を防ぐ
- 見方・考え方：協力・協働／A(1)ア／A(3)ア(ア)イ／C(1)ア(ア)(イ)イ／C(2)ア／持続可能な社会／B(4)ア(ア)イC(1)(ア)(イ)(ア)イ／B(5)ア／生活を豊かにするための布を用いた製作／B(6)ア(ア)イ／健康・快適・安全 生活文化／消費生活・環境プロジェクト

第2学年

- 題材：私たちの消費生活と環境／幼児の生活と家族／中学生に必要な栄養と食習慣／食品の選択と購入／肉の調理／魚の調理／野菜の調理／だし汁を用いた和食の調理
- 指導内容：消費生活が及ぼす影響と環境／会費と責任／幼児の発達と生活の特徴／幼児の生活と家族の役割／幼児との関わり方／食事の役割と中学生の食習慣／健康によい食習慣／栄養素の種類と働き／中学生に必要な食品の種類と概量／献立作成／日常食に必要な食品／生鮮食品と加工食品／食品の選択／生存食品加工／食品の安全と管理／調理実習／野菜の切り方／魚の調理（蒸し／ホイル焼き／たらのホイル蒸し）／和食材を用いた調理計画／筑前煮／だし汁を用いた和食の調理／地域の食材を用いた和食の調理
- 見方・考え方：協力・協働／C(2)ア／A(2)ア(ア)(イ)(イ)イ／健康・安全 幼児の生活と家族／B(1)ア(ア)イ／B(2)ア(ア)(イ)イ／B(3)ア(ア)(イ)(ウ)イC(2)(ア)イ／健康・安全 持続可能な社会／B(3)ア(イ)イ／生活文化の継承

第3学年

- 題材：幼児触れ合い体験（スマイルプロジェクト）／地域の高齢者と地域交流会（スマイルプロジェクト）
- 指導内容：計画・幼児触れ合い体験のための遊び道具の製作／幼児と触れ合い発見／幼児と触れ合い体験／幼児と触れ合う意義／高齢者との関わり方／地域の人々と関わり地域とのつながり／取組・地区運動会もちつき大会／クラス発表会
- 見方・考え方：協力・協働／A(4)ア／家族・家庭生活プロジェクト／A(3)ア(イ)イ／協力・協働 持続可能な社会

第3学年（つづき）

- 題材：日常食の調理と地域の食文化
- 指導内容：日常食の調理／和食材を調理／和食材を調理し計画
- 見方・考え方：C(3)ア／協力・協働 持続可能な社会／B(3)ア(イ)イ

プ　マイルプロジェクト
- 我が家のサスティナブ
- 食に関する課

「生活の課題と実践」については、第2学年でC(3)「消費生活の課題と実践」、第3学年でA(4)「家族・家庭生活についての課題と実践」の2つを選択している。C(3)はC(2)「消費生活・環境」の学習を基礎とし、B(3)「日常食の調理と地域の食文化」の学習と関連を図ることができるようにしている。A(4)はA(2)「幼児の生活と家族」、B(3)「日常食の調理と地域の食文化」、B(5)「生活を豊かにするための布を用いた製作」の学習と関連した製作や幼児の遊び食作りや遊び食作りなどについて計画を立てて、実践できるようにしている。

※網掛けは内容「C消費生活・環境」

(3) 年間指導計画例 3

この例は、各題材において家庭や地域社会と連携を図り、地域の人材や施設等を活用して、家族・家庭生活における生活の課題を解決する力を養うことをねらいとしている。また、第2学年では、「A家族・家庭生活」の「A家族・家庭生活」における生活の課題を解決する力を養うことをねらいとして、高齢者の身体の特徴や幼児の身体の特徴や幼児の発達や幼児の発達について学習した上で、「B衣食住の生活」の住生活で、家族の安全を考えた住空間の整え方について学ぶ展開としている。

週(時)	1	2	3	4	5	6	7	8	9	10	11	12	13	14	15	16	17	18	19	20	21	22	23	24	25	26	27	28	29	30	31	32	33	34	35

第1学年

題材・指導内容：
- 自分の成長と家族・家庭生活
- 食事の役割と食習慣（中学生に必要な栄養を満たす食事）
- 食品の選択と購入
- 調理実習に向けて（肉の調理・魚の調理・だし汁を用いた調理）
- 衣服の選択（日常着の手入れ）

家庭・地域社会との関わり：栄養教諭／地域の伝統食普及員／食育アドバイザー／着付けボランティア／クリーニング店員

第2学年

題材・指導内容：
- 金銭の管理と購入（消費生活センター）
- 生活を豊かにするための布を用いた製作（リメイクショップ）
- 家族・家庭生活と地域（地域の高齢者と地区運動会「スマイルプロジェクト」）
- 高齢者施設（介護福祉士）地区長
- 幼児の生活と家族（保育園（保育士）幼稚園（幼稚園教諭））
- 住居の機能と住まい方（消防署（消防士））

第3学年

題材・指導内容：
- 私たちの消費生活と環境（消費生活センター）
- 衣服の再利用（古着リサイクルショップ店員）
- 衣食住の生活プロジェクト

※網掛け部は、内容「B 衣食住の生活」と関わる内容「A 家族・家庭生活」の高齢者の身体の特徴及び幼児の心身の発達に関する学習

「生活の課題と実践」については、第3学年でB(7)「衣食住の生活」について実践している。「衣生活について実践」については、「衣生活についての課題と実践」のうち、「衣生活についての課題と実践」は、B(7)は、B(4)「衣服の選択と手入れ」、B(5)「生活を豊かにするための布を用いた製作」の学習を基礎とし、C(2)「消費者の権利と責任」の学習と関連を図って課題を設定し、資源や環境に配慮した衣服の選択や手入れ、計画的な活用や再利用等について計画を立てて、実践することができるようにしている。

⑷　小学校の学習を踏まえた系統的な指導計画例

　次に示す資料 3-1 は小・中学校 5 学年間の食生活に関する指導内容を明確にし, 栄養・献立・調理における系統性を示したものである。また, 資料 3-2 は, 資料 3-1 を踏まえ, 小・中学校 5 学年間を見通した調理の題材配列を示したものである。

資料 3-1　食生活に関する指導内容

	小学校（家庭科）	中学校（技術・家庭　家庭分野）
栄養	・体に必要な栄養素の種類と働き ・食品の栄養的な特徴と組み合わせ ・献立の構成と作成の方法 ・1 食分の献立の工夫	・栄養素の種類と働き ・食品の栄養的な特質 ・中学生の 1 日に必要な食品の種類と概量, 献立作成の方法 ・中学生の 1 日分の献立の工夫
調理	・材料の分量や手順, 調理計画 ・調理に適した切り方, 味の付け方 ・材料に適したゆで方, いため方 ・米飯及びみそ汁の調理の仕方 ・調理計画及び調理の工夫	・材料に適した加熱調理の仕方, 基礎的な日常食の調理 ・日常食の 1 食分のための食品の選択と調理計画及び調理の工夫
安全・衛生	・用具や食器の安全で衛生的な取扱い, 加熱用調理器具の安全な扱い ・材料に応じた洗い方 ・生の肉や魚は取り扱わない指導 ・食物アレルギーへの配慮	・用途に応じた食品の選択 ・食品や調理用具等の安全と衛生に留意した管理 ・熱源の安全な取扱い ・食物アレルギーへの配慮
食文化	・食事のマナー ・伝統的な日常食（米飯, みそ汁, だしの役割） ・盛り付け, 配膳及び後片付け	・地域の食文化, 地域の食材を用いた和食の調理（だしを用いた煮物又は汁物）

資料 3-2　小・中学校 5 学年間を見通した調理に関する題材配列表

		題材	実習題材	食材 米	食材 野菜	食材 いも類	食材 卵	食材 魚や肉	食材 その他	調理法 切り方	調理法 加熱方法	安全・衛生	食文化
小学校	第5学年	ゆでておいしく食べよう	・青菜のおひたし ・じゃがいものサラダ		にんじん ブロッコリー 青菜 など	じゃがいも				じゃがいもの皮むきなど	ゆでる	包丁 まな板 ふきん 野菜の洗い方	
小学校	第5学年	日本の伝統の味ご飯とみそ汁を作ろう	・ご飯 ・みそ汁	○	長ねぎ 大根				油揚げ 煮干し	いちょう切り	炊飯 煮る	加熱用調理器具	日本の伝統的な日常食 ・だしの役割 ・配膳
小学校	第6学年	いためておいしく食べよう	・三食野菜いため		キャベツ にんじん ピーマン など					せん切り	いためる	フライパン	
小学校	第6学年	栄養のバランスを考えた食事を整えよう	・アスパラのベーコン巻き ・卵と野菜のサラダ		にんじん アスパラガス きゅうり など		○	ベーコン		せん切り	いためる ゆでる	フライパン	日常の食事の仕方 ・マナー ・あいさつ
中学校	第1学年	肉の調理	・ハンバーグ ・つけあわせ		にんじん いんげん など	じゃがいも		あいびき肉	パン粉	輪切りなど	焼く いためる ゆでる	肉の取扱い	洋食の盛り付け・配膳
中学校	第1学年	魚の調理	・たらと野菜の蒸しもの		キャベツ にんじん			たら		薄切りなど	蒸す	魚の取扱い 蒸し器	和食の盛り付け・配膳
中学校	第1学年	だしを用いた調理	・かきたま汁 ・筑前煮		にんじん れんこん ごぼう など		○	鶏肉	昆布 かつお節	乱切りなど	煮る		だしを用いた煮物や汁物 ・だしの種類 ・料理に適しただしの取り方
中学校	第3学年	地域の食材を用いた和食の調理	【1食分の調理】 (主食) 米飯 (主菜) 煮魚 (副菜) きゅうりの酢の物 (汁物) すいとん	○	にんじん ごぼう 大根 ねぎ きゅうり など	さといも			昆布 かつお節	ささがき 乱切りなど	煮る		地域の食文化

〈千田　満代〉

家庭分野の学習を通して「何が身に付いたのか」

1 家庭分野における学習評価の改善のポイント

　新学習指導要領の下で行われる学習評価については，平成28年12月21日の中央教育審議会答申や，平成31年1月21日の中央教育審議会初等中等教育分科会教育課程部会報告「児童生徒の学習評価の在り方について（報告）」（以下「報告」），平成31年3月29日付け文部科学省初等中等教育局長通知「小学校，中学校，高等学校及び特別支援学校等における児童生徒の学習評価及び指導要録の改善等について（通知）」（以下「改善等通知」）等により，その改善の基本的な考え方が示されている。

　報告では，学習評価を真に意味あるものとするため，基本方針として，「児童生徒の学習改善につながるものにしていくこと」「教師の指導改善につながるものにしていくこと」が示され，「指導と評価の一体化」の重要性が改めて指摘されている。また，この指導と評価の一体化は，今回の学習指導要領改訂で明文化された「カリキュラム・マネジメント」や「主体的・対話的で深い学び」の視点からの授業改善において重要な役割を果たすものである。

　さらに，これらを踏まえ，国立教育政策研究所教育課程研究センターは，令和2年3月に「指導と評価の一体化」のための学習評価に関する参考資料（中学校　技術・家庭）」（以下参考資料）を公表している。各学校においては，学習評価を通じて，各教科等で「何が身に付いたのか」を的確に捉え，生徒自身が学習の改善につなげるとともに，学習指導の在り方を見直し，個に応じた指導の充実を図ることが大切である。また，学習指導と学習評価に係る学校全体のPDCAサイクルを確立し，特に，生徒の学習状況，指導計画等の評価（Check）→授業や指導計画等の改善（Action）の過程を工夫し，生徒一人一人に確実に資質・能力を育むことが求められている。

1 学習評価の基本的な考え方

　今回の学習指導要領の改訂では，各教科等の目標や内容を「知識及び技能」「思考力，判断力，表現力等」「学びに向かう力，人間性等」の資質・能力の三つの柱で再整理したことを踏まえ，これらの資質・能力に関わる「知識・技能」「思考・判断・表現」「主体的に学習に取り組む態度」の3観点から評価するものとして整理された。「主体的に学習に取り組む態度」の観点については，答申において，「学びに向かう力・人間性等」には，「主体的に学習に取り組む態度」として観点別評価を通じて見取ることができる部分と，観点別評価や評定にはなじまず個人内評価を通じて見取る部分があることに留意する必要があるとしている。その上で，報告や通知において，知識及び技能を獲得したり，思考力・判断力・表現力等を身に付けたりすることに向けた粘り強い取組の中で，自らの学習を調整しようとしているかどうかを含めて評価するとしている。「主体的に学習に取り組む態度」

は，従前の「関心・意欲・態度」の観点の本来の趣旨であった各教科等の学習内容に関心をもつことのみならず，よりよく学ぼうとする意欲をもって学習に取り組む態度を評価することを改めて強調するものである。

2　評価の観点

　技術・家庭科の評価の観点については，こうした考え方に基づいて，今回の改善では，これまでの「生活の技能」と「生活や技術についての知識・理解」を「知識・技能」の観点として整理している。技術・家庭科の目標及び評価の観点とその趣旨は，資料１，２の通りである。

資料１　技術・家庭科の目標

> 　生活の営みに係る見方・考え方や技術の見方・考え方を働かせ，生活や技術に関する実践的・体験的な活動を通して，よりよい生活の実現や持続可能な社会の構築に向けて，生活を工夫し創造する資質・能力を次のとおり育成することを目指す。
> 　⑴　生活と技術についての基礎的な理解を図るとともに，それらに係る技能を身に付けるようにする。
> 　⑵　生活や社会の中から問題を見いだして課題を設定し，解決策を構想し，実践を評価・改善し，表現するなど，課題を解決する力を養う。
> 　⑶　よりよい生活の実現や持続可能な社会の構築に向けて，生活を工夫し創造しようとする実践的な態度を養う。

資料２　技術・家庭科の評価の観点及びその趣旨

観点	趣旨
知識・技能	生活と技術について理解しているとともに，それらに係る技能を身に付けている。
思考・判断・表現	生活や社会の中から問題を見いだして課題を設定し，解決策を構想し，実践を評価・改善し，表現するなどして課題を解決する力を身に付けている。
主体的に学習に取り組む態度	よりよい生活の実現や持続可能な社会の構築に向けて，問題の解決に主体的に取り組んだり，振り返って改善したりして，生活を工夫し創造し，実践しようとしている。

　家庭分野の評価の観点については，技術・家庭科と共通である。
　家庭分野の目標及び評価の観点とその趣旨は，資料３，４に示す通りである。

資料3　家庭分野の目標

　生活の営みに係る見方・考え方を働かせ，衣食住などに関する実践的・体験的な活動を通して，よりよい生活の実現に向けて，生活を工夫し創造する資質・能力を次のとおり育成することを目指す。
　⑴　家族・家庭の機能について理解を深め，家族・家庭，衣食住，消費や環境などについて，生活の自立に必要な基礎的な理解を図るとともに，それらに係る技能を身に付けるようにする。
　⑵　家族・家庭や地域における生活の中から問題を見いだして課題を設定し，解決策を構想し，実践を評価・改善し，考察したことを論理的に表現するなど，これからの生活を展望して課題を解決する力を養う。
　⑶　自分と家族，家庭生活と地域との関わりを考え，家族や地域の人々と協働し，よりよい生活の実現に向けて，生活を工夫し創造しようとする実践的な態度を養う。

資料4　家庭分野の評価の観点及びその趣旨（新）

観点	趣旨
知識・技能	家族・家庭の基本的な機能について理解を深め，生活の自立に必要な家族・家庭，衣食住，消費や環境などについて理解しているとともに，それらに係る技能を身に付けている。
思考・判断・表現	これからの生活を展望し，家族・家庭生活や地域における生活の中から問題を見いだして課題を設定し，解決策を構想し，実践を評価・改善し，考察したことを論理的に表現するなどして課題を解決する力を身に付けている。
主体的に学習に取り組む態度	家族や地域の人々と協働し，よりよい生活の実現に向けて，課題の解決に主体的に取り組んだり，振り返って改善したりして，生活を工夫し創造し，実践しようとしている。

資料5　家庭分野の評価の観点及びその趣旨（旧）

観点	趣旨
生活や技術への関心・意欲・態度	衣食住や家族の生活などについて関心をもち，これからの生活を展望して家庭生活をよりよくするために進んで実践しようとする。
生活を工夫し創造する能力	衣食住や家族の生活などについて見直し，課題を見付け，その解決を目指して家庭生活をよりよくするために工夫し創造している。
生活の技能	生活の自立に必要な衣食住や家族の生活などに関する基礎的・基本的な技術を身に付けている。
生活や技術についての知識・理解	日常生活に必要な衣食住や家族の生活などに関する基礎的・基本的な知識を身に付けている。

　「知識・技能」の観点は，家庭分野の目標(1)と関わっており，学習過程を通した個別の知識及び技能の習得状況について評価するとともに，それらを既有の知識及び技能と関連付けたり活用したりする中で，概念等として理解したり，技能を習得したりしているかについて評価することがポイントとなる。

　「思考・判断・表現」の観点は，これまでの「生活を工夫し創造する能力」の観点の趣旨を踏まえたものであるが，目標の(2)に示した一連の学習過程を通して，習得した「知識及び技能」を活用して思考力・判断力・表現力等を育成し，課題を解決する力が身に付いているかについて評価することがポイントとなる。

　「主体的に学習に取り組む態度」の観点は，①知識及び技能を獲得したり，思考力・判断力・表現力等を身に付けたりすることに向けた粘り強い取組を行おうとしている側面と，②粘り強い取組の中で，自らの学習を調整しようとする側面の二つの側面から評価することがポイントとなる。また，この観点と関わる目標の(3)は，(1)及び(2)で身に付けた資質・能力を活用し，生活を工夫し創造しようとする実践的な態度を養うことを明確にしており，この観点は，他の二つの観点とも密接に関わっていることに留意する必要がある。

3　評価の観点の趣旨

　家庭分野の評価の観点及びその趣旨は資料４の通りである。評価の観点ごとに，その趣旨と実際の評価に当たっての配慮事項などを解説する。

(1)　知識・技能

　この観点では，これまでの観点の趣旨の「基礎的・基本的な知識を身に付けている」「基礎的・基本的な技術を身に付けている」を「理解しているとともに，それらに係る技能を身に付けている」と表現を改めている。家庭分野で習得する知識が個別の事実的な知識だけではなく，生徒が学ぶ過程の中で，既存の知識や生活経験と結び付けられ，家庭分野における学習内容の本質を深く理解するための概念として習得されることを重視したものである。また，基礎的・基本的な知識及び技能を身に付けるだけではなく，それらを家庭や地域などにおける様々な場面で活用する中で，新しい知識を獲得するなど，知識の理解の質を高めることを目指したものである。したがって，「知識」については，家族・家庭の基本的な機能について理解しているか，生活の自立に必要な家族や家庭，衣食住，消費や環境などに関する基礎的・基本的な知識を身に付けているかなどについて評価するとともに，概念等の理解につながっているかを評価する方法についても検討し，指導の改善につなげることが大切である。

　「技能」についても同様に，一定の手順や段階を追って身に付く個別の技能だけではなく，それらが自分の経験や他の技能と関連付けられ，変化する状況や課題に応じて主体的に活用できる技能として身に付いているかについて評価することに留意する必要がある。

　なお，「技能」については，例えば，調理など，生徒の生活経験が影響する場合も考え

られることから，実習等においては，それらにも配慮して適切に評価することが求められる。

(2) 思考・判断・表現

　この観点は，一連の学習過程を通して習得した「知識及び技能」を生かして生活の課題を解決する力を養うという家庭分野の目標の(2)を踏まえたものである。①家族・家庭や地域における生活の中から問題を見いだし，解決すべき課題を設定しているか，②解決の見通しをもって計画を立てる際，生活について多角的に捉え，解決方法を検討し，計画，立案しているか，③課題の解決に向けて実践した結果を評価・改善しているか，④計画や実践について評価・改善する際に，考察したことを理論的に表現しているかなどについて評価するものである。従前の「生活を工夫し創造する能力」の観点においても課題の解決を目指すその過程での思考や工夫を評価することとしていたが，知識及び技能を活用して自分なりに工夫しているかについて評価することに重点を置く傾向が見られた。今回の改善では，例えば，日常の一食分の調理について，生徒が考えたり工夫し創造したりしたことについて評価するだけではなく，それに向けて課題をもち，食品の選択や調理の仕方などを考え，調理計画を工夫し，実践を評価・改善するまでのプロセスについて評価することに留意する必要がある。

(3) 主体的に学習に取り組む態度

　この観点は，前述のように二つの側面から評価するものであり，これらは相互に関わり合うものであることに留意する必要がある。例えば，幼児や高齢者など地域の人々との関わり方について，よりよく関わるために，幼児の心身の発達や高齢者の身体の特徴について調べ，粘り強く観察したり，関わり方を考え，触れ合ったり，協働したりして理解しようとしているかや，うまくいかなかったことなどを振り返って関わり方を改善するなど，自らの学習を調整しようとしているかなどについて評価するものである。

　また，目標の(3)を踏まえ，従前の「生活や技術への関心・意欲・態度」の観点と同様に，「生活を工夫し創造しようとする実践的な態度」について評価することとしている。実践的な態度には，家族と協力したり，地域の人々と協働したりしようとする態度のほかに，日本の生活文化を継承しようとする態度なども含まれており，題材に応じてこれらについて併せて評価することも考えられる

　これらの三つの観点は，相互に関連し合っているので，各学校においては，評価の観点及びその趣旨を十分理解して適切な指導と評価の計画を作成することが重要である。

2 学習評価の進め方

　家庭分野の指導は，教科目標及び分野目標の実現を目指し，適切な題材を設定して指導計画の作成，授業実践，評価という一連の活動を繰り返して展開されている。生徒の学習

状況の評価は，分野目標の実現状況をみると同時に，教師の指導計画や評価方法等を見直して学習指導の改善に生かすために行っている。すなわち，指導に生かす評価を工夫し，指導と評価の一体化を目指すことが求められている。

　題材における観点別学習状況の評価を実施するに当たっては，まずは年間の指導と評価の計画を確認し，その上で学習指導要領の目標や内容，「内容のまとまりごとの評価規準」の考え方等を踏まえ，以下のように進める。

1　題材の目標を設定する。

2　題材の評価規準を設定する。

3　「指導と評価の計画」を作成する。

4　「指導と評価の計画」に基づいた授業を展開し，生徒の学習状況を評価し記録する。

5　観点ごとに総括する。

1　題材の目標の設定

　題材の目標は，学習指導要領に示された教科の目標並びに題材で指導する項目及び指導事項を踏まえて設定する。

2　題材の評価規準の設定

　題材の評価規準は，「内容のまとまりごとの評価規準（例）」から題材において指導する項目及び指導事項に関係する部分を抜き出し，評価の観点ごとに整理・統合，具体化するなどして設定する。その際，「内容のまとまりごとの評価規準（例）」及び作成する際の観点ごとのポイントについては，参考資料の第2編を参照する。

　今回の学習指導要領においては，「内容のまとまり」ごとに育成を目指す資質・能力が示されている。家庭分野の「内容のまとまり」は，「第2　分野の目標及び内容」「2　内容」に示されている。この内容の記載がそのまま学習指導の目標になりうるため，内容の記載事項の文末を「～すること」から「～している」と変換したものなどを「内容のまとまりごとの評価規準」としている。すなわち，学習指導要領の記載と表裏一体をなす関係にあることに留意する。ただし，「思考・判断・表現」の観点については，学習指導要領の目標の(2)に思考力・判断力・表現力等の育成に係る学習過程が示されているため，これらを踏まえて「内容のまとまりごとの評価規準」を作成する。具体的には，指導事項イについて，その文末を「～について問題を見いだして課題を設定し，解決策を構想し，実践を評価・改善し，考察したことを論理的に表現するなどして課題を解決する力を身に付けている」として，評価規準を作成する。また，「主体的に学習に取り組む態度」については，生徒の学習への継続的な取組を通して現れる性質を有することなどから，「2　内容」に

記載がない。そのため，各分野の「1　目標」を参考にしつつ，必要に応じて，改善等通知に示された「評価の観点及びその趣旨」のうち「主体的に学習に取り組む態度」に関わる部分を用いて「内容のまとまりごとの評価規準」を作成する。具体的には，①粘り強さ，②自らの学習の調整に加え，③実践しようとする態度を含めることを基本とし，その文末を「〜について，課題の解決に向けて主体的に取り組んだり（①），振り返って改善したり（②）して，生活を工夫し創造し，実践しようとしている（③）」として，評価規準を作成する。

　　例えば，Ⅳ章「授業づくりモデルプラン 13」の事例 7「秋のおもてなし　『地域のおすすめ和食定食』」の題材においては，次のようにして題材の評価規準を作成する。

「内容のまとまりごとの評価規準（例）」（知識・技能については，B(3)ア(エ)）

知識・技能	思考・判断・表現	主体的に学習に取り組む態度
地域の食文化について理解しているとともに，地域の食材を用いた和食の調理が適切にできる。	日常の 1 食分の調理における食品の選択や調理の仕方，調理計画について問題を見いだして課題を設定し，解決策を構想し，実践を評価・改善し，考察したことを論理的に表現するなどして課題を解決する力を身に付けている。	家族や地域の人々と協働し，よりよい生活の実現に向けて，日常食の調理と地域の食文化について，課題の解決に主体的に取り組んだり，振り返って改善したりして，生活を工夫し創造し，実践しようとしている。

題材の評価規準

知識・技能	思考・判断・表現	主体的に学習に取り組む態度
地域の食文化，地域の食材を用いた 1 食分の和食の調理の仕方について理解しているとともに，適切にできる。	地域の食材を用いた 1 食分の和食の調理おける食品の選択や調理の仕方，調理計画について問題を見いだして課題を設定し，解決策を構想し，実践を評価・改善し，考察したことを論理的に表現するなどして課題を解決する力を身に付けている。	家族や地域の人々と協働し，よりよい生活の実現に向けて，地域の食文化，地域の食材を用いた 1 食分の和食の調理について，課題の解決に主体的に取り組んだり，振り返って改善したりして，生活を工夫し創造し，実践しようとしている。

3 指導と評価の計画の作成

　　評価は，生徒の学習状況を捉えるとともに，指導計画に基づいて行われる学習指導の改善を目的として行うものであり，評価を学習指導に反映させるためには，指導計画の立案の段階から評価活動についても計画の中に位置付けていくことが必要である。

　　題材における「指導と評価の計画」の作成手順は次の通りである。

①　題材の目標を踏まえ，毎時間の指導目標や学習活動等を示した指導計画を作成する。

②　題材の評価規準を学習活動に即して具体化し，評価規準を設定する。
「内容のまとまりごとの評価規準（例）」→「『内容のまとまりごとの評価規準（例）』を具体化した例」→題材における学習活動に即して具体的な評価規準を設定する。

③　学習活動の特質や評価の場面に応じて適切な評価方法を設定する。

　②の題材における学習活動に即して具体的な評価規準を設定するためには，題材の評価規準の基となっている「内容のまとまりごとの評価規準（例）」から「『内容のまとまりごとの評価規準（例）』を具体化した例」を作成し，更に題材における学習活動に即して具体化する必要がある。

　まず，「『内容のまとまりごとの評価規準（例）』を具体化した例」を作成するためには，参考資料第３編の「観点ごとのポイント」にしたがって「内容のまとまりごとの評価規準（例）」を具体化する。その際，「思考・判断・表現」については，教科の目標の⑵に示されている問題解決的な学習過程に沿って授業を展開し，四つの評価規準を設定して評価することに留意する。下記④の考察したことと論理的に表現する力については，学習過程の様々な場面で評価することが考えられる。「主体的に学習に取り組む態度」については，学習過程における一連の学習活動において，粘り強く取り組んだり，その中で学習の進め方について試行錯誤するなど自らの学習を調整したりしようとする態度に加え，実践しようとする態度の三つの側面から評価規準を設定して評価することに留意する。いずれの観点においても，これらの評価規準は，各題材の構成に応じて適切に位置付けることが大切である。

〈参考資料第３編の「観点ごとのポイント」〉

【思考・判断・表現】
①家族・家庭や地域における生活の中から問題を見いだし，解決すべき課題を設定する力：その文末を「〜について問題を見いだして課題を設定している」

②課題解決の見通しをもって計画を立てる際，生活課題について多面的に捉え，解決方法を検討し，計画，立案する力：その文末を「〜について（実践に向けた計画を）考え，工夫している」

③課題の解決に向けて実践した結果を評価・改善する力：その文末を「〜について，実践を評価したり，改善したりしている」

④計画や実践について評価・改善する際に，考察したことを論理的に表現する力：その文末を「〜についての課題解決に向けた一連の活動について，考察したことを論理的に表現している」として，評価規準を設定することができる。

【主体的に学習に取り組む態度】

①粘り強さ：その文末を「～について，課題の解決に主体的に取り組もうとしている」

②自らの学習の調整：その文末を「～について，課題解決に向けた一連の活動を振り返って改善しようとしている」

③実践しようとする態度：その文末を「～について工夫し創造し，実践しようとしている」として，評価規準を設定することができる。

例えば，IV章「授業づくりモデルプラン 13」の事例 7「秋のおもてなし 『地域のおすすめ和食定食』」の題材においては，次のようにして，「『内容のまとまりごとの評価規準（例）』を具体化した例」を作成する。

「内容のまとまりごとの評価規準（例）」（知識・技能については，B ⑶ ア㈔）

知識・技能	思考・判断・表現	主体的に学習に取り組む態度
地域の食文化について理解しているとともに，地域の食材を用いた和食の調理が適切にできる。	日常の 1 食分の調理における食品の選択や調理の仕方，調理計画について問題を見いだして課題を設定し，解決策を構想し，実践を評価・改善し，考察したことを論理的に表現するなどして課題を解決する力を身に付けている。	家族や地域の人々と協働し，よりよい生活の実現に向けて，日常食の調理と地域の食文化について，課題の解決に主体的に取り組んだり，振り返って改善したりして，生活を工夫し創造し，実践しようとしている。

「内容のまとまりごとの評価規準（例）」を具体化した例

知識・技能	思考・判断・表現	主体的に学習に取り組む態度
・地域の食文化について理解している。 ・地域の食材を用いた和食の調理の仕方について理解しているとともに，適切にできる。	・地域の食材を用いた 1 食分の和食の調理おける食品の選択や調理の仕方，調理計画について問題を見いだして課題を設定している。 ・地域の食材を用いた 1 食分の和食の調理おける食品の選択や調理の仕方，調理計画について考え，工夫している。 ・地域の食材を用いた 1 食分の和食の調理おける食品の選択や調理の仕方，調理計画について評価したり，改善したりしている。 ・地域の食材を用いた 1 食分の和食の調理おける食品の選択や調理の仕方，調理計画についての課題解決に向けた一連の活動について，考察したことを論理的に表現している。	・地域の食文化，地域の食材を用いた 1 食分の和食の調理について，課題の解決に向けて主体的に取り組もうとしている。 ・地域の食文化，地域の食材を用いた 1 食分の和食の調理について，課題解決に向けた一連の活動を振り返って改善しようとしている。 ・地域の食文化，地域の食材を用いた 1 食分の和食の調理について工夫し創造し，実践しようとしている。

　次に，この「『内容のまとまりごとの評価規準（例）』を具体化した例」を基に，学習指導要領解説における記述等を参考に学習活動に即して，具体的な評価規準を設定する。

　この事例においては，学習活動に即して，「知識・技能」の評価規準①，②，「思考・判断・表現」の評価規準①～④，「主体的に学習に取り組む態度」の評価規準①～③を設定している。これらを設定することにより，授業の目標に照らして生徒の学習状況を把握することができる。

題材における学習活動に即して具体化した評価規準（例）

知識・技能	思考・判断・表現	主体的に学習に取り組む態度
①地域の食文化について理解している。 ②地域の食材を用いた和食の調理の仕方について理解しているとともに，適切にできる。	①「地域のおすすめ和食定食」の調理における食品の選択や調理の仕方，調理計画について問題を見いだして，課題を設定している。 ②「地域のおすすめ和食定食」の調理における食品の選択や調理の仕方，調理計画について考え，工夫している。 ③「地域のおすすめ和食定食」の調理について，実践を評価したり，改善したりしている。 ④「地域のおすすめ和食定食」の調理についての課題解決に向けた一連の活動について，考察したことを論理的に表現している。	①地域の食文化，「地域のおすすめ和食定食」の調理について，課題の解決に向けて主体的に取り組もうとしている。 ②地域の食文化，「地域のおすすめ和食定食」の調理について，課題解決に向けた一連の活動を振り返って改善しようとしている。 ③地域の食文化，「地域のおすすめ和食定食」の調理について工夫し，実践しようとしている。

　なお，「生活の課題と実践」に関するＡ(4)，Ｂ(7)，Ｃ(3)の項目については，家庭や地域で実践することや，実践発表会を設けることなどにも留意し，参考資料第３編の「観点ごとのポイント」を参考に，適切な評価規準を設定したい。例えば，「思考・判断・表現」の評価規準③は，「～に関する課題の解決に向けて，家庭や地域などで実践した結果を評価したり，改善したりしている」，④は，「～に関する課題解決に向けた一連の活動について，考察したことを筋道を立てて説明したり，発表したりしている。」などとすることが考えられる。また，「主体的に学習に取り組む態度」の評価規準③は，「～に関する新たな課題を見付け，家庭や地域での次の実践に取り組もうとしている」などとすることが考えられる。

　効果的・効率的な評価を行うためには，題材の評価計画の作成に当たって，次の点に留意する。

①各題材で育成を目指す資質・能力を明確にして，具体的な評価規準を設定する。

②その時間のねらいや学習活動に照らして重点を置くとともに，無理なく評価でき，その結果を生徒の学習や教師の指導に生かす観点から，あまり細かなものにならないようにする。

③指導過程のどこで，どのような方法で評価を行うのかを明確にする。

④総括の資料とするための生徒全員の学習状況を把握する「記録に残す評価」を行う場面を精選するとともに，「努力を要する」状況と判断される生徒への手立てを考える「指導に生かす評価」を行う場面の設定や評価方法について検討する。

⑤評価資料を基に「おおむね満足できる」状況（B），「十分満足できる」状況（A）と判断される生徒の姿について考えたり，「努力を要する」状況（C）と判断される生徒への手立て等を考えたりする。

3 観点別学習状況の評価の進め方と評価方法の工夫

指導と評価の計画に基づいた評価の進め方については，次の点に留意する必要がある。

1 知識・技能

この観点については，基礎的・基本的な知識及び技能を身に付けるだけではなく，それらを活用する中で，新しい知識を獲得するなど，知識の理解の質を高めることを目指しており，概念等の理解につながっているかを評価することが重要である。そのため，例えば，2回の調理実習を取り入れた場合，1回目の調理の評価は，「指導に生かす評価」（「努力を要する」状況（C）と判断される生徒への手立てを考えるための評価）として位置付け，1回目の調理で習得した知識や技能を活用した2回目の調理の評価を「記録に残す評価」として位置付けることが考えられる。その際，調理の仕方を理解しているとともに，適切にできる，すなわち，技能の根拠となる知識を身に付けているかどうかを把握することが大切である。そのための評価方法として，1回目の調理実習後に，確認テストなどを用いて，なぜそのようにするのか，手順の根拠などを理解しているかどうかを評価することが考えられる。技能が十分身に付いていない場合には，なぜそのようにするのか，手順の根拠など技能の裏付けとなる知識を確実に身に付けることが重要である。この観点では，実験・実習，観察等を通して，実感を伴って理解できるよう配慮することが大切であり，具体的な評価方法としては，その状況を把握できるワークシートやペーパーテストを工夫することが考えられる。ペーパーテストにおいて，事実的な知識の習得を問う問題だけではなく，知識の概念的な理解を問う問題の工夫改善を図ることも考えられる。

技能については，教師の行動観察のほか，生徒の相互評価の記述内容や写真，タブレッ

ト端末による動画撮影等から，生徒の実現状況をより詳細に把握し，それを評価に生かすことが大切である。相互評価は，グループやペアで行い，見本や写真等と照らし合わせることにより，技能の上達の状況を把握できるよう工夫することが考えられる。さらに，同じ項目で自己評価を行うことにより，生徒自身が技能の上達を実感できるようにすることも考えられる。今回の改訂では，生活の科学的な理解を深めるための実践的・体験的な活動を充実することとしており，観察，実験・実習等において知識と技能を関連付ける場面を設けるなど，多様な方法を適切に取り入れ，指導の改善に生かすことが大切である。

2　思考・判断・表現

　　この観点については，結果としての工夫創造だけではなく，課題の設定から解決を目指してよりよい方法を得ようと考え，工夫したり，実践を評価・改善したりする一連の学習過程において評価するため，評価場面の設定に留意する必要がある。その際，課題の設定の場面では，観察したことや家族や地域の人にインタビューしたことをもとに問題に気付き，課題を設定するだけではなく，その理由も記入できるようなワークシートを工夫することが考えられる。計画，実践，評価・改善の一連の学習活動において，生徒が考えたり工夫したりした過程を図や言葉でまとめることができる計画表や実習記録表などを作成し評価することが考えられる。計画や実践については，発表し合ったり，相互評価し合ったりするなどの言語活動を中心とした表現について教師が観察することを通して評価することに留意する。具体的な評価方法としては，ペーパーテストや計画表や実践記録表，レポート等における記述内容，製作した作品，発表，グループでの話し合いなど，多様な方法を取り入れたり，それらを集めたポートフォリオを活用したりすることなどが考えられる。

3　主体的に学習に取り組む態度

　　この観点については，①知識及び技能を獲得したり，思考力・表現力等を身に付けたりすることに向けた粘り強い取組を行おうとしている側面と，②粘り強い取組の中で，自らの学習を調整しようとする側面の二つの側面のほか，③実践しようとする態度について評価することとしており，具体的な評価方法としては，ワークシートや計画表，実習記録表，一連の活動を通して生徒の変容を見取るポートフォリオ等の記述内容，発言，教師による行動観察や，生徒の自己評価や相互評価等の状況を教師が評価を行う際に参考とすることなどが考えられる。なお，ポートフォリオは，一人一台端末を活用することも考えられる。

　　①については，例えば，基礎的・基本的な知識及び技能を身に付ける場面で，自分なりに解決しようと取り組む様子をポートフォリオの記述内容や行動観察から評価することが考えられる。②については，例えば，計画の場面で，適切に自己評価したり，相互評価を生かしたりして，よりよい計画にしようと取り組む様子をポートフォリオや計画表の記述

内容，行動観察から評価することが考えられる。また，実践を評価・改善する場面で，自分の取り組みを振り返り，うまくできたことやできなかったことを適切に評価し，改善しようとしている様子を実習記録表やポートフォリオの記述内容から評価することが考えられる。なお，二つの側面は，相互に関わり合っていることから，同じ場面において評価することも考えられる。

　自らの学習を調整しようとする側面については，「主体的・対話的で深い学び」の視点からの授業改善を図る中で，自らの学習の調整を行う場面を設定し，適切に評価することが大切である。学習前に見通しをもったり，学習後に振り返ったりすることがポイントとなる。生徒が具体的な目標をもち，一つ一つを自分自身の力で解決し，自信を高めながら進めることが大切である。そのためには，学習前後の比較ができるようなワークシートを作成し，自分の成長を自覚し，学びの過程の振り返りができるようにすることが考えられる。また，対話的な学びにより，自分だけでは調整できなかったところを他の生徒とともに調整できることに気付くようにすることが考えられる。

　③の実践しようとする態度については，実践を通して意欲が高まり，新たな課題を見付けたり，日常生活において活用しようとする姿に表れたりすることから，評価を行う場面を題材の終わりに設定することなどが考えられる。

　なお，この観点については，複数の題材を通して，ある程度の時間のまとまりの中で評価することも考えられる。

4 観点別学習状況の評価の総括

(1) 題材の観点別学習状況の評価の総括

　家庭分野における題材ごとの観点別学習状況の評価の総括については，参考資料「第1編総説第2章(5)観点別学習状況の評価に係る記録の総括」に示された二つの方法を参考に，各学校において工夫することが望まれる。

　　① 評価結果のＡ，Ｂ，Ｃの数を基に総括する場合
　　② 評価結果のＡ，Ｂ，Ｃを数値に置き換えて総括する場合

(2) 家庭分野の観点別学習状況の評価の総括

　題材ごとの観点別学習状況の評価を合わせて分野ごとの総括とする。例えば，年間に家庭分野で4題材を取り扱った場合，題材1から4を観点ごとに総括して，家庭分野の観点別学習状況の評価とする。

(3) 技術・家庭科の観点別学習状況の評価の総括

　評価結果を題材ごと，分野ごとに総括し，技術分野及び家庭分野を合わせて技術・家庭科の総括とする。

〈筒井 恭子〉

授業づくりモデルプラン 13

家庭分野の学習を始めよう
～生活の自立と共生を目指して～

A (1)ア

1 題材について

　「A 家族・家庭生活」の(1)「自分の成長と家族・家庭生活」については，小学校家庭科の学習を踏まえ，中学校3学年間の学習の見通しをもたせるガイダンスとして第1学年の最初に位置付けている。また，第1学年のAの(3)「家族・家庭や地域との関わり」及び第3学年の(2)「幼児の生活と家族」に関する学習の導入として扱っている。

　本題材では，まず，これまでの家庭生活や，小学校家庭科の学習を振り返り，自分の成長や生活が，家族や家庭生活に支えられてきたことに気付くようにしている。次に，家族・家庭の基本的な機能について理解し，これらの機能とこれから学習する家庭分野のA～Cまでの各内容が関わっていること，家族や地域の人々と協力・協働して家庭生活を営む必要があることに気付き，家庭分野の学習への期待と意欲をもつことができる構成となっている。

2 題材の目標

　自分の成長と家族や家庭生活との関わりが分かり，家族・家庭の基本的な機能について理解するとともに，家族や地域の人々と協力・協働して家庭生活を営む必要があることに気付く。

3 題材の評価規準

知識・技能	思考・判断・表現	主体的に学習に取り組む態度
自分の成長と家族や家庭生活との関わりが分かり，家族・家庭の基本的な機能について理解しているとともに，家族や地域の人々と協力・協働して家庭生活を営む必要があることに気付いている。		

4 指導と評価の計画 〔3時間〕

〔題材1〕家庭分野の学習を始めよう………………………………………(本時1　2/2)2時間

〔題材2〕家族・家庭や地域との関わり（全4時間の導入）……………………………… 0.5時間

〔題材3〕幼児の生活と家族（第3学年 全15時間の導入）……………………………… 0.5時間

次時	○ねらい　・学習活動	評価規準・評価方法		
		知識・技能	思考・判断・表現	主体的に学習に取り組む態度
【題材1】 1	○これまでの家庭生活や小学校家庭科の学習を振り返り，自分の成長や生活が，家族や家庭生活に支えられてきたことを理解することができる。 ・自分の成長を振り返り，自分と家族・地域とのつながりについて考え，発表し合う。 ・小学校の学習を踏まえ，家族・家庭や地域における様々な問題について，協力・協働，健康・快適・安全，生活文化の継承，持続可能な社会の構築等を視点として考え，解決に向けて工夫することが大切であることに気付く。 ・小学校の学習を振り返り，中学校3学年間の学習の見通しをもつ。	①自分の成長と家族や家庭生活との関わりについて理解している。 ・ワークシート		
2 本時	○家族・家庭の基本的な機能について理解し，家族や地域の人々と協力・協働して家庭生活を営む必要があることに気付くことができる。 ・グループで話し合いながら家庭で行われている仕事などを分類し，家族・家庭には，どのような機能があるのかを考え，発表する。 ・家族が家庭生活を営むために何が大切かを考え，発表し合う。 ・家族・家庭の基本的な機能とA～Cの学習内容との関わりについて考え，家庭分野の学習に見通しをもつ。	②家族・家庭の基本的な機能について理解し，家族や地域の人々と協力・協働して家庭生活を営む必要があることに気付いている。 ・ワークシート ・行動観察		
【題材2】 1	〔家族・家庭や地域との関わり〕 ○自分の生活が家族や，家庭生活に関わる地域の人々に支えられていることに気付くことができる。 ・ガイダンスの学習を思い出し，改めて自分の成長を振り返り，自分と家族・地域とのつながりについて考え，発表し合う。	①自分の成長と家族や家庭生活との関わりについて理解している。 ・ワークシート		

| 【題材3】1 | 〔幼児の生活と家族〕
○自分の成長を振り返るとともに，自分の成長は家族や，家庭生活に関わる地域の人々に支えられていることに気付くことができる。
・幼児期を振り返り，どんな人と関わってきたかを話し合う。 | ①自分の成長と家族や家庭生活との関わりについて理解している。
・ワークシート | | |

※1～2学年で学習する，「B衣食住の生活」「C消費生活・環境」に関する題材において，家族・家庭の基本的な機能について改めて確認する。また，衣食住や消費生活に関する課題について，生活の営みにおける見方・考え方の視点から捉え，解決に向けて考え，工夫できるようにする。

5 本時の展開〔1〕（2/2時間）

(1) **小題材名** 家庭分野の学習を始めよう

(2) **ねらい** 家族・家庭の基本的な機能について理解し，家族や地域の人々と協力・協働して家庭生活を営む必要があることに気付くことができる。

(3) **展開**

時 (分)	学習活動	・指導上の留意点 評価規準　（評価方法）
5	1　本時の学習課題を確認する。	・小学校の学習を振り返り，家庭で行われている仕事などについて調べておく。
	家族・家庭はどんな機能を果たしているのだろう	
10 20 10	2　自分や家族が家庭で行っている仕事などについて，各自が付箋紙に記入する。 3　付箋紙を用いてグループで話し合い，分類しながら，家族・家庭にはどのような機能があるのかを考え，発表する。 4　各自がワークシートに家族・家庭の基本的な機能についてまとめる。 5　家族が家庭生活を営むためには何が大切かを考え，発表し合う。	・生活文化の継承に関わる生活行為についても気付くよう助言する。 ・分類したものをキーワードでまとめることにより，様々な生活場面で家族・家庭の基本的な機能が果たされていることに気付くようにする。 ・家族や地域の協力・協働が必要であることに気付くようにする。 〔知識・技能〕 ②家族・家庭の基本的な機能について理解し，家族や地域の人々と協力・協働して家庭生活を営む必要があることに気付いている。 （ワークシート）（行動観察）
5	6　本時を振り返り，これからの家庭分野の学習に見通しをもつ。	・家族・家庭の基本的な機能が家庭分野の各内容に関わっていることに気付くようにする。

⑷　学習評価の工夫

　本時の「知識・技能」の評価規準②については，家族・家庭にはどのような機能があるのかを考え，まとめる場面で，ワークシートの記述内容から評価している。自分や家族の生活を振り返り，家庭で行われている仕事などをもとに分類してまとめたり，家族や地域の人々と協力・協働して家庭生活を営む必要があることについてまとめたりしている場合を「おおむね満足できる」状況（B）と判断した。その際，「努力を要する」状況（C）と判断される生徒に対しては，小学校での家庭の仕事の学習を振り返り，現在，行っている仕事を確認したり，それらを分類したりして，家族・家庭の基本的な機能について理解できるようにする。

◆評価に関する資料

ワークシートの一部

「知識・技能」②の「おおむね満足できる」状況（B）の記述例

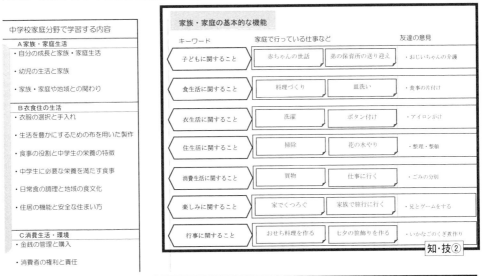

※学習の最後に，家族・家庭の基本的な機能と家庭分野の学習内容とのつながりを考え，線で結ぶ。

6 主体的・対話的で深い学びの実現に向けた授業づくりのポイント

⑴ 各学習過程における学習指導の工夫

見つめる

〔題材1〕家庭分野の学習を始めよう　　（1時間目）　**主体的な学びの視点**

　自分と家族・地域とのつながりについて考え，発表し合う場面を設け，自分が多くの人の支えで成長してきたことを実感させるようにしている。また，小学校家庭科で学んだことを振り返り，できるようになったことを確認し，これから自立していくためにどのようなことを身に付けたらよいのかを主体的に考えられるようにしている。

これからの学習を見通す

（2時間目）　**対話的な学びの視点**

・自分や家族の生活を振り返り，家庭で行われている仕事などを付箋紙に記入し，小グループで意見交流をしながら分類したものをもとに，家族・家庭の基本的な機能について話し合い，キーワードとしてまとめる活動を取り入れている。

分類した家庭の仕事などの例

・家族・家庭の基本的な機能が果たされるためには，家族や地域の協力・協働が必要であることを，具体的な場面を想定して考えられるようにしている。

主体的な学びの視点

・家庭分野について学習することが，生活の自立や，家族や地域の人々と共に家庭生活をつくっていくことにつながることが分かり，3年間の学習の見通しがもてるようにしている。

生活の自立につなげる

〔題材2〕家族・家庭や地域との関わり　　（1時間目）　**主体的な学びの視点**
〔題材3〕幼児の生活と家族　　　　　　　（1時間目）

　題材の導入で，改めて自分の成長や生活と，家族・家庭や地域との関わりについて振り返り，学習する内容が，これからの生活の自立につながっていることを実感できるようにしている。

「B衣食住の生活」「C消費生活・環境」に関する題材

　家族・家庭の基本的な機能について改めて確認し，衣食住や消費生活に関する課題について，生活の営みにおける見方・考え方の視点から捉え，解決に向けて考え，工夫できるようにしている。

深い学びの視点　生活の営みに係る見方・考え方のうち「協力・協働」を意識できるようにしている。最初にガイダンスにおいて，家族・家庭の基本的な機能が果たされることは，よりよい生活を営むために大切であることに気付くことができるようにし，家庭分野の学習への意欲をもたせるようにする。また，A⑵「幼児の生活と家族」A⑶「家族・家庭や地域との関わり」の題材で，自分の成長や生活を振り返り，多くの人の支えで今の自分があることを再確認した上で，幼児と触れ合う活動や，地域の高齢者との関わり方を考えるなどの活動を実践することで，実感を伴って「協力・協働」という概念を形成していくことがポイントとなる。

⑵　小・中の系統性

　２時間の学習内容を１枚のワークシートにまとめ，小学校家庭科の学習が中学校家庭分野の学習につながっていることを意識させることができるようにした。また，それらが家族・家庭の基本的な機能と関わっていることもわかるようにしている。

■　本題材で使用したワークシートや資料

①　ワークシート（ウェビングマップ）の一部

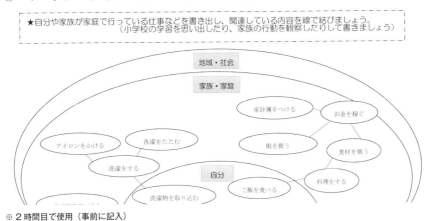

※２時間目で使用（事前に記入）

②　ワークシート

※１・２時間目で使用

〈今北　恵子〉

2

第3学年 家族・家庭生活

中学生の私と幼児との関わり

A (1)ア，A (2)ア(ア)(イ)イ

1 題材について

　本題材は，「A 家族・家庭生活」の(1)「自分の成長と家族・家庭生活」のアを導入として扱い，(2)「幼児の生活と家族」のアの(ア)，(イ)及びイとの関連を図った題材である。触れ合い実習に向けて幼児との関わり方について課題を設定し，幼児の発達と生活の特徴，幼児にとっての遊びの意義や関わり方に関する学習を生かし，保育所での幼児との触れ合い実習の計画を立てて実践する。また，実践を振り返って評価・改善するとともに，これからの幼児とのよりよい関わり方について考える構成となっている。

2 題材の目標

(1)　自分の成長と家族や家庭生活との関わり，幼児の発達と生活の特徴，子供が育つ環境としての家族の役割，幼児にとっての遊びの意義，幼児との関わり方について理解する。

(2)　幼児との関わり方について問題を見いだして課題を設定し，解決策を構想し，実践を評価・改善し，考察したことを論理的に表現するなどして課題を解決する力を身に付ける。

(3)　家族や地域の人々と協働し，よりよい生活の実現に向けて，幼児の生活と家族について，課題の解決に主体的に取り組んだり，振り返って改善したりして，生活を工夫し創造し，実践しようとする。

3 題材の評価規準

知識・技能	思考・判断・表現	主体的に学習に取り組む態度
・自分の成長と家族や家庭生活との関わりについて理解している。 ・幼児の発達と生活の特徴がわかり，子供が育つ環境としての家族の役割について理解している。 ・幼児にとっての遊びの意義や幼児との関わり方について理解している。	幼児との関わり方について問題を見いだして課題を設定し，解決策を構想し，実践を評価・改善し，考察したことを論理的に表現するなどして課題を解決する力を身に付けている。	家族や地域の人々と協働し，よりよい生活の実現に向けて，幼児の生活と家族について，課題の解決に主体的に取り組んだり，振り返って改善したりして，生活を工夫し創造し，実践しようとしている。

4 指導と評価の計画 　13時間

〔1〕中学生の私と幼児……………………………………………………………………………… 2 時間

〔2〕幼児の生活と遊びを知ろう……………………………………………… (展開例1　5/5) 5 時間

〔3〕関わり方を工夫して幼児と触れ合おう ………………………………… (展開例2　5/6) 6 時間

次 時	○ねらい　・学習活動	評価規準・評価方法		
		知識・技能	思考・判断・表現	主体的に学習に取り組む態度
〔1〕 1	○自分の成長と家族や家庭生活との関わりについて理解することができる。 ・第1学年で学習した家族・家庭の機能（子供を育てる）について確認する。 ・写真や動画，インタビュー等から，幼児期に周囲の人がどのように関わってくれたのかを発表する。	①自分の成長と家族や家庭生活との関わりについて理解している。 ・ワークシート		
2	○触れ合い実習での幼児との関わり方について問題を見いだし，課題を設定することができる。 ・前年度の触れ合い実習，親子の関わりの動画から，気付いたことを発表する。 ・触れ合い実習で幼児と関わるための課題を設定する。 （課題例） ・何をして遊んだらいいのかな？ ・幼児の体の特徴って？　など		①触れ合い実習での幼児との関わり方について問題を見いだし，課題を設定している。 ・ワークシート	
〔2〕 1 2 3	○幼児の身体の発育，運動機能の発達の特徴を理解することができる。 ・写真や動画，実物資料（人形・手形・服・絵），チャイルドビジョン体験等から身体の発育や運動機能の特徴を考え，発表する。 ○幼児の言語，認知，情緒，社会性の発達の特徴を理解することができる。 ・幼児の写真から，その気持ちを考え，情緒の発達についてまとめる。 ・ロールプレイを通して，幼児のものの捉え方や人との関わり方についてわかったことをまとめる。 ・動画や資料を見て，幼児の言語，認知，情緒，社会性の発達の様子を年齢ごとに整理する。	②幼児の身体の発育，運動機能の発達の特徴を理解している。 ・ワークシート **指導に生かす評価** ③幼児の言語，認知，情緒，社会性の発達の特徴を理解している。 ・ワークシート ・行動観察 **指導に生かす評価**		①幼児の生活と家族について，課題の解決に主体的に取り組もうとしている。 ・ポートフォリオ

4	○子供が育つ環境としての家族の役割について理解することができる。 ・基本的な生活習慣を身に付ける時の言葉かけや環境の整え方についてロールプレイングを行い，家族の役割について，グループでまとめ，発表し合う。	④子供が育つ環境としての家族の役割について理解している。 ・ワークシート ・行動観察		
5 展開例1	○幼児にとっての遊びの意義や幼児との関わり方について理解することができる。 ・幼児期の遊びを思い出し，どのような発達を促すのかを考え，遊びの意義についてまとめる。 ・幼児の言語の発達に応じた絵本を選び，ペアで読み聞かせの練習をする。 ・保育士の絵本の読み方や幼児との関わり方について観察し，意見交換する。	⑤幼児にとっての遊びの意義や幼児との関わり方について理解している。 ・ワークシート ・相互評価 ・行動観察 **指導に生かす評価**		
〔3〕 1	○幼児との関わり方について考え，触れ合い実習の実践計画を工夫することができる。 ・グループごとに触れ合い実習の実践計画を立てる。 ・読み聞かせのシミュレーションを行い，実践計画を見直す。		②触れ合い実習での幼児との関わり方について考え，計画や幼児との関わり方を工夫している。 ・実習計画書 ・行動観察	②幼児との関わり方ついて，課題解決に向けた一連の活動を振り返って改善しようとしている。 ・ポートフォリオ ・実習計画書 ・行動観察
2 3	○保育所での幼児の観察や絵本の読み聞かせなどを通して，幼児との関わり方を工夫することができる。 ・幼児の発達の状況や生活の様子を観察する。 ・幼児に絵本の読み聞かせを行ったり遊んだりする。	⑤の評価規準 ・行動観察 **記録に残す評価**		
4	○幼児との触れ合い実習を振り返り，観察したことをまとめたり，発表したりすることができる。 ・触れ合い実習を振り返り，報告書に記入する。 ・観察した対象児の特徴についてグループで意見交換をする。 ・異なる年齢を担当したグループと交流し，発達の特徴についてまとめ，発表し合う。	②の評価規準 ・実習報告書 **記録に残す評価** ③の評価規準 ・実習報告書 **記録に残す評価**	④触れ合い実習での幼児との関わり方についての課題解決に向けた一連の活動について，考察したことを論理的に表現している。 ・実習報告書 ・発表	
5 展開例2	○幼児との触れ合い実習を振り返り，実践を評価したり，改善したりすることができる。 ・絵本の読み聞かせや幼児との関わり方で，うまくできたこと・困ったことを発表する。 ・実際に困った例について，どのように対応すればよかったのかを，意見交流しながら考え，発表する。			③触れ合い実習での幼児との関わり方について，実践を評価したり，改善したりしている。 ・実践報告書 ・行動観察

| 6 | ○自分と幼児とのこれからの関わり方について考えることができる。
・子育てをしている親や子育て支援センターのアドバイザーの方の話を聞く。
・これから，幼児とどのように関わっていきたいかを考え，発表する。 | | | ③よりよい生活の実現に向けて，幼児との関わり方について工夫し創造し，実践しようとしている。
・実習報告書
・ポートフォリオ |

5 本時の展開

【展開例1】〔2〕（5/5時間）

(1)　**小題材名**　幼児の生活と遊びを知ろう

(2)　**ねらい**　　幼児にとっての遊びの意義や幼児との関わり方について理解することができる。

(3)　**展　開**

時 (分)	学習活動	・指導上の留意点 評価規準　（評価方法）
5	1　幼児期に夢中になった遊びについて話し合う。	・グループ内で自由に発言させ，幼児期の遊びを本時のめあてにつなげる。
	幼児の遊びの意義と幼児との関わり方について考えてみよう。	
10	2　遊び（絵本，おにごっこ，ブロックなど）を通して，どのような発達が促されるのかをグループで話し合い，遊びの意義についてまとめる。	・遊びの中のどのような活動が幼児の発達を促すのかに気付くようにする。
10	3　触れ合い実習で担当する幼児の言語の発達に合った絵本を選び，ペアで読み合う。気付いたことを付箋紙に記入し，交流する。	・絵本を複数準備し，選べるようにする。 ・読み方や関わり方が年齢に合っているかどうかについてアドバイスするように助言する。
20	4　保育士による読み聞かせ（動画）を視聴する。 5　保育士の読み聞かせやペアからのアドバイスをもとに，自分の読み方や関わり方について，改善点をまとめ，もう一度ペアで絵本を読み合う。	〔知識・技能〕 ⑤幼児にとっての遊びの意義や幼児との関わり方について理解している。 （ワークシート）（相互評価）（行動観察） **指導に生かす評価**
5	6　本時の学習を振り返る。	・本時の読み聞かせを触れ合い実習での実践に生かすように助言する。

(4)　**学習評価の工夫**

　　本時の「知識・技能」の評価規準⑤については，「指導に生かす評価」（「努力を要する」状況（C）と判断される生徒への手立てを考えるための評価）とし，〔3〕の2，3時間を「記録に残す評価」とする。遊びの意義や，絵本の読み聞かせを通して幼児との関わり方について考える場面で，ワークシート，相互評価の記述内容や行動観察から評価している。遊びの意義については，幼児にとって遊びは生活そのものであり，心身の発達を促すことを

記述している場合を「おおむね満足できる」状況（B）と判断した。幼児との関わり方については，読み聞かせにおいて，幼児の年齢に応じた読み方や関わり方などを記述している場合を「おおむね満足できる」状況（B）と判断した。その際，「努力を要する」状況（C）と判断される生徒に対しては，保育士による読み聞かせ（動画）を再度視聴し，ゆっくりとわかりやすい言葉で話すことや具体的な幼児との関わり方を確認したり，相互評価を参考にしたりして，幼児との触れ合い実習での読み聞かせに生かすことができるようにする。

◆評価に関する資料
ワークシートの一部
「知識・技能」⑤の「おおむね満足できる」状況（B）の記述例

> 3　次の文を自分の言葉でまとめてみよう。
>
> 幼児にとって遊びとは，＿＿＿生活の中心であり、様々な能力を発達させるために＿＿＿
>
> ＿重要な活動＿＿である。遊びの種類によって＿＿促される発達が異なる＿＿＿＿＿＿。

> ★触れ合い実習では、どのように絵本を読み聞かせ、幼児と関わりますか。
>
> 　3歳児がわかりやすいように、保育士さんみたいに、ゆっくり、はっきりと読みたい。「しー、おやすみ。」のところは、小さな声でささやくように話して、寝るときの様子がイメージできるようにしようと思う。質問された時には、幼児と目の高さを合わせ、話を丁寧に聞いてあげようと思う。

【展開例2】〔3〕（5/6時間）

(1) **小題材名**　関わり方を工夫して幼児と触れ合おう

(2) **ねらい**　幼児との触れ合い実習を振り返り，実践を評価したり，改善したりすることができる。

(3) **展開**

時（分）	学習活動	・指導上の留意点 評価規準　（評価方法）
10	1　幼児との触れ合い実習を振り返り，対象児との関わり方についてうまくできたこと，できなかったことを発表する。 2　本時の学習課題を確認する。	・実際の写真や動画を提示して，対象児の年齢に応じた関わり方や，個人差に気づかせながら振り返らせる。
	触れ合い実習を振り返り，幼児とどのように関わったらよいか考えよう。	
20	3　実際に幼児とうまく関われなかった例について，幼児の特徴を生かしながら，改善策をグループで話し合う。 例　おもちゃの取り合いになり、ケンカになってしまったが、止めることができなかった。	・自分が関わった対象児や実践報告書に記入した幼児の特徴から，関わり方を考えるよう促す。 ・3歳児と5歳児の場合を話し合うことで，年齢による関わり方の違いに気付かせる。
15	4　グループで話し合った改善策を発表し合う。	〔思考・判断・表現〕 ③触れ合い実習での幼児との関わり方

		について，実践を評価したり，改善したりしている。 （実習報告書）（行動観察）
5	5　本時を振り返り，分かったことを自分の言葉でまとめる。	・本時の学びの深まりや，改善策を次時の実践報告書につなげるようにする。

⑷　学習評価の工夫

　本題材では，幼児との触れ合い実習の振り返りが記録できるワークシートを作成している。本時の「思考・判断・表現」の評価規準③については，幼児とうまく関わることができなかった例について，どのように関わったらよいのかを話し合う場面で，ワークシートの記述内容や行動観察から評価している。対象児の心身の発達や生活の特徴を踏まえて，幼児との関わり方について，理由とともに改善点を記述している場合を「おおむね満足できる」状況（B）と判断した。その際，「努力を要する」状況（C）と判断される生徒に対しては，対象児の心身の発達について確認したり，友達の意見を参考にしたりして，幼児との関わり方を考えることができるようにする。

◆評価に関する資料
ワークシートの一部
「思考・判断・表現」③の「おおむね満足できる」状況（B）の記述例

実習の中でうまく関わることができなかった例

★あなたは次の場面でどのように幼児と関わりますか。3歳児と5歳児の場合について考えよう。

「おもちゃの取り合いになり、ケンカをしている場面」

3歳児	5歳児
3歳児の子は、言葉の理解が不十分だったり、自分の気持ちをうまく表現できなかったりするので、もう一つ違うおもちゃを持ってきて気分を変えてみる。また、「○○で一緒に遊ぼう！」と、別の遊びにさそってみる。	5歳児の子は、普通に会話ができるくらい言葉を理解しているので、「次の子が待っているから、代わってあげようね」と優しく話しかける。数を数えるといいと聞いたので、「10数えたら交代しよう」と言って、いっしょに数え、終わったら交代させる。 思③

6　主体的・対話的で深い学びの実現に向けた授業づくりのポイント

(1)　各学習過程における学習指導の工夫

生活の課題発見

〔1〕中学生の私と幼児　　　　　（2時間目）　**主体的な学びの視点**

　幼児との触れ合い実習を行うという目標を明確にすることで，本題材に見通しをもたせる。また，前年度の実習の様子や親子の関わりがわかる動画を視聴し，幼児との関わり方についての疑問や問題点を挙げることで，自分の課題を設定できるようにしている。幼児とよりよく関わるためにはどのようなことを学ぶ必要があるのかを確認し，生徒が見通しをもって取り組み，主体的な学びになるようにしている。

解決方法の検討と計画

〔2〕幼児の生活と遊びを知ろう　　　　（5時間目）　**対話的な学びの視点**

　ペアで絵本を読み合った後に，保育士の読み聞かせの仕方を学び，どのようにしたら触れ合い実習で幼児に楽しんでもらえるかを考えるようにしている。対象年齢に応じた読み方や関わり方の工夫について互いによい点や改善点を交換したり，読み方の上手な生徒を紹介したりして，一人一人がよりよく幼児と関わることができるようにする。

課題解決に向けた実践活動

〔3〕関わり方を工夫して幼児と触れ合おう

　　　　　　　　　　　　　　　　（2・3時間目）

　保育所での触れ合い実習で，実際に話し方や関わり方を工夫し読み聞かせをしている。

絵本の読み聞かせ

実践活動の評価・改善

　　　　　　　　　　　　　　　（4・5・6時間目）　**対話的な学びの視点**　**主体的な学びの視点**

・観察した対象児の特徴について意見交換し，個人差などに気付かせ，幼児の発達について理解を広げ深めるようにする。

・幼児とうまく関わることができなかった例について，3歳と5歳の場合の改善策をグループで話し合い，発達に応じたよりよい関わり方が工夫できるようにする。

・地域で子育てをしてる親や子育て支援センターの人から，子育ての現状などを聞き，新たな課題を見付け，これからの自分と幼児との関わり方について考えられるようにしている。

観察したことを交流する様子

深い学びの視点　題材を通して，生活の営みに係る見方・考え方のうち，「協力・協働」を意識できるようにしている。幼児が成長していく過程を学習する中でこれまでの自分の成長に，様々な人が関わってきたことに気付かせる。さらに，幼児との触れ合い実習に向けて問題を見いだして課題を設定し，計画を立てて実践し，読み聞かせの仕方や幼児との関わり方について評価・改善する。これらの一連の学習を通して，子育ては大切な家族・家庭の機能であり，多くの人が関わって子供が育つことを実感を伴って理解するとともに，「協力・協働」という概念を形成できるようにしている。

⑵ ICT の活用

本題材では，ICT を活用して幼児の写真や動画等を提示することにより，幼児の発達や特徴，生活の様子を具体的にイメージし，遊びの意義などを理解できるようにしている。また，絵本の読み聞かせや触れ合い実習の様子をタブレット端末等で記録し，活動を振り返ったり，改善したりする際に活用し，幼児とのよりよい関わり方について考えることができるようにしている。

おもちゃの取り合いをする(2歳)

友だちと一緒に遊ぶ(3歳)

友だちと協力して遊ぶ(5歳)

2，3，5歳児の遊びの様子

⑶ 家庭・地域との連携

題材の導入に，家族のインタビューを行い，自分の成長が家族や周囲の人に支えられていることに気付かせるようにしている。また，地域の保育所等に幼児との触れ合い実習の意義を説明し，読み聞かせの見本動画を提供してもらったり，触れ合い実習を行ったりしている。題材の終末には，地域で子育てをしている親や子育て支援センターの人を招いて実体験を聞く機会を設けている。さらに，触れ合い実習後には，生徒の実践報告やお礼状を送付するとともに，アンケートを依頼し，課題を洗い出して次年度につなげたり，学年通信等で触れ合い実習の様子や生徒の感想を紹介し，家庭との連携を図ったりしている。

■ 本題材で使用したワークシートや資料

実習報告書の一部

●触れ合い実習で観察したことや体験したこと、気が付いたことなどを記入しよう。

	運動機能	言語・認知	情緒・社会性
3歳児	・輪投げを作ったが、上手に投げることができず、ただ入れるだけになってしまった。 ・細かい作業はできないみたいで、「これやって」と頼まれた。 ・くつをはくのに時間がかかった。右と左を間違えていた。 ・ボールを投げることはできたが、ねらったところを全然違うところに投げていた。	・質問が多かった。 ・滑舌が悪く、何を話しているか聞き取りにくかった。 ・自分のことを名前で呼ぶ。 ・ぶつかった机に怒っていた。	
4歳児	・ボールを投げるのに、力の強い子とそうでない子の差が大きかった。 ・ケンケンやスキップ、ギャロップの練習をしていた。 ・ぬり絵は、はみ出してしまうけれど、クレヨンを使って塗っていた。 ・鉄棒にぶら下がっていた。 ・三輪車を上手にこいでいた。	・教科書で学習していたよりもたくさんのことを話せる。 ・先生の話をよく聞いていた。 ・先生に質問することが多かった。 ・ポケモンになりたいと真剣に教えてくれた。 ・はさみを「はさみさん」と言っていた。	
5歳児	・かけっこができる。思ったより速い。 ・跳んだりはねたりをよくしていた。 ・はさみやのりを上手に使っていたけど、はしがちゃんと使える子と使えていない子がいた。 ・縄跳びの練習をしていた。 ・うんていをスイスイやっていた。 ・自転車に乗れると話してくれた子がいた。	・魚の名前がすぐに言える。 ・ひらがなが読める。 ・言っていることを理解してくれない子もいた。 ・願い事に「プリンセスになりたい」と書いてあった。 ・友だちや中学生ともよく会話をしていた。 ・「ありがとう」とお礼を言ってくれた。 ・かくれんぼをしたら、トンネルに上半身だけ入り、隠れているつもりになっていた。	知・技②③

※〔3〕4〜6時間目で使用
※ ＿＿＿＿＿ は，意見交換で他の生徒から得た情報

〈荻島　千秋〉

第2学年 家族・家庭生活

地域の高齢者と地区運動会「スマイルプロジェクト」

A(3)ア(イ)イ

1 題材について

本題材は,「A 家族・家庭生活」の(3)「家族・家庭や地域との関わり」におけるアの(イ)「高齢者との関わり方」とイ「地域の人々と協働する方法の工夫」との関連を図っている。「協力・協働」の視点から,題材のゴールを「地域の高齢者と地区運動会スマイルプロジェクト」として課題を設定し,高齢者との関わり方に関する学習を踏まえ,地区運動会に向けて地域の人々と協働して計画,実践,評価・改善する構成となっている。

2 題材の目標

(1) 家庭生活は地域との相互の関わりで成り立っていることが分かり,高齢者など地域の人々と協働する必要があることや介護など高齢者との関わり方について理解する。

(2) 高齢者など地域の人々と関わり,協働する方法について問題を見いだして課題を設定し,解決策を構想し,実践を評価・改善し,考察したことを論理的に表現するなどして課題を解決する力を身に付ける。

(3) 地域の人々と協働し,よりよい生活の実現に向けて,地域の人々との関わりについて,課題解決に主体的に取り組んだり,振り返って改善したりして,生活を工夫し創造し,実践しようとする。

3 題材の評価規準

知識・技能	思考・判断・表現	主体的に学習に取り組む態度
家庭生活は地域との相互の関わりで成り立っていることが分かり,高齢者など地域の人々と協働する必要があることや介護など高齢者との関わり方について理解している。	高齢者など地域の人々と関わり,協働する方法について問題を見いだして課題を設定し,解決策を構想し,実践を評価・改善し,考察したことを論理的に表現するなどして課題を解決する力を身に付けている。	地域の人々と協働し,よりよい生活の実現に向けて,地域の人々との関わりについて,課題解決に主体的に取り組んだり,振り返って改善したりして,生活を工夫し創造し,実践しようとしている。

4 指導と評価の計画　6時間

〔1〕家庭生活と地域との関わりを考えよう ………………………………………… 1時間

〔2〕地区運動会「スマイルプロジェクト」に向けて高齢者との関わり方を考えよう

……………………………………………………………（展開例1　1，2／2）2時間

〔3〕地区運動会「スマイルプロジェクト」に取り組もう ………（展開例2　1，2／3）3時間

次時	○ねらい　・学習活動	評価規準・評価方法		
		知識・技能	思考・判断・表現	主体的に学習に取り組む態度
〔1〕 1	○家庭生活は地域との相互の関わりで成り立っていることが分かり，高齢者など地域の人々と関わり，協働する方法について問題を見いだし，課題を設定することができる。 ・アンケートで地域の行事や活動への参加状況を知る。 ・地区運動会の映像や代表地区長の話を基に，家庭生活と地域との関わりについて話し合う。 ・地区運動会で高齢者など地域の人々と関わり，協働するための課題を設定する。	①家庭生活は地域との相互の関わりで成り立っていることが分かり，高齢者など地域の人々と協働する必要があることについて理解している。 ・ワークシート	①地区運動会での高齢者など地域の人々と関わり，協働する方法について問題を見いだして課題を設定している。 ・ワークシート	
〔2〕 1 2 展開例1	○高齢者の身体の特徴を踏まえた関わり方について理解することができる。 ・インタビューから足腰の衰えや加齢性難聴の困り感を知る。 　1　立ち上がりや歩行の介助 ・介助の仕方をグループで話し合い，ペアで体験する。 ・介護福祉士からアドバイスをもらい，再度体験する。 　2　耳の聞こえの対応 ・高齢者の聞こえ方を体験する。 ・加齢性難聴の特性を知り，伝え方をグループで話し合い，ペアで体験する。 ・介護福祉士からアドバイスをもらい，再度体験する。 ・身体の特徴を踏まえた高齢者との関わり方についてまとめる。	②介護など高齢者との関わり方について理解している。 ・ワークシート ・行動観察		①高齢者など地域の人々との関わり方について，課題の解決に主体的に取り組もうとしている。 ・ワークシート ・行動観察
〔3〕 1	○地区運動会「スマイルプロジェクト」の計画（サポートマニュアル）を工夫することができる。 ・地区運動会で高齢者など地域の人々と関わり，協働するための課題を確認する。		②地区運動会での高齢者など地域の人々と関わり，協働する方法について「スマイルプロジェクト」の計画を考え，工夫して	②高齢者など地域の人々との関わりについて，課題解決に向けた一連の活動を振り返って改善しようとしている。

	学習活動			
2 展開例2	・地区ごとにグループとなり運動会プログラムをもとに高齢者との関わり方のサポートマニュアルを作成する。 ・グループごとにサポートマニュアルを発表し合う。 ・他のグループの発表や地区の運動会運営者のアドバイスをもとにサポートマニュアルを見直す。		いる。 ・計画・実践記録表 ・相互評価	・ワークシート ・行動観察
高齢者など地域の人々と地区運動会「スマイルプロジェクト」を実践する				
3	○地区運動会での実践について,グループごとに発表し,評価・改善することができる。 ・地区運動会で実践したことをレポートにまとめ,グループごとに発表する。 ・他のグループの意見を参考に,サポートマニュアルを評価・改善する。 ・地区の高齢者の感想をもとに,家庭生活と地域の関わりについてまとめる。		④「スマイルプロジェクト」の課題解決に向けた一連の活動について,考察したことを論理的に表現している。 ・計画・実践記録表 ③「スマイルプロジェクト」の実践を評価したり,改善したりしている。 ・計画・実践記録表 ・相互評価	③高齢者など地域の人々との関わり方について工夫し創造し,実践しようとしている。 ・ワークシート

5 本時の展開

【展開例1】〔2〕（1，2/2時間）

(1) **小題材名**　地区運動会「スマイルプロジェクト」に向けて高齢者との関わり方を考えよう

(2) **ねらい**　高齢者の身体の特徴を踏まえた関わり方について理解することができる。

(3) **展　開**

時（分）	学習活動	・指導上の留意点 評価規準　（評価方法）
10	1　高齢者の身体の特徴を発表する。 2　高齢者のインタビューから足腰の衰えや，加齢性難聴による困り感を知る。 3　本時の学習課題を設定する。 高齢者とどのように関わったらよいだろうか	・祖父母や地域の高齢者の様子を思い出して発表させる。 ・地域の老人クラブでのインタビュー映像により気付くようにする。
30	【立ち上がりや歩行の介助】 4　介助の仕方をグループで考え，発表する。 5　介護福祉士から介助の仕方を学び，ペアで体験する。 6　介助する側とされる側の気持ちと配慮してほしい点を話し合い，発表する。	・立ち上がりや歩行の介助のポイントを確認し，互いにアドバイスするよう促す。

30	7　介護福祉士からアドバイスをもらい再度体験する。 【耳の聞こえの対応】 8　高齢者にはどのように聞こえているのかを体験し，気付いたことを話し合う。 9　高齢者が聞きとりやすい話し方を考え，グループごとに発表する。 （例） <blockquote>おばあちゃん，今度の土曜日，○○中で大会があるから応援にきて。</blockquote>	・高齢者の聞こえ方のコンテンツを活用し，聞きづらさを実感させる。 ・声をかける，目を合わせるなどのポイントや気持ちに寄り添うことなどを確認する。 ・名前を呼ぶ，肩をたたく，分かりやすい言葉に変える，ジェスチャーを交えるなどのポイントを確認する。
20	10　介護福祉士のアドバイスをもらい，再度体験する。	〔知識・技能〕 ②介護など高齢者との関わり方について理解している。 　（ワークシート）（行動観察）
10	11　本時の学習を振り返り，発表する。	〔主体的に学習に取り組む態度〕 ①高齢者など地域の人々との関わり方について，課題の解決に主体的に取り組もうとしている。 　（ワークシート）（行動観察）

⑷　学習評価の工夫

　本時の「知識・技能」の評価規準②については，高齢者の介助の体験を通して，介助の仕方についてまとめる場面で，ワークシートの記述内容や行動観察から評価している。高齢者の身体の特徴を踏まえ，立ち上がりや歩行，伝え方についてまとめている場合を「おおむね満足できる」状況（B）と判断した。その際，「努力を要する」状況（C）と判断される生徒に対しては，高齢者の身体の特徴などを確認したり，介護福祉士の話を確認したりして，体験を通して実感を伴って理解できるようにする。

　「主体的に学習に取り組む態度」の評価規準①については，学習を振り返る場面で，ワークシートの記述内容と行動観察から評価している。介助の仕方について，ペアで確認したり，介護福祉士にアドバイスをもらったりして，介助できるよう粘り強く取り組んでいる場合に「おおむね満足できる」状況（B）と判断した。

◆評価に関する資料
ワークシートの一部　「知識・技能」②「おおむね満足てきる」状況Bの記述例

1　立ち上がりや歩き方の介助を知ろう

| 「される側」の気持ち
・突然は立たされて嫌だった
・声をかけてもらって安心した
「する側」の気持ち
・確認する必要があると思った
・手を引っ張らない方がいいと思った | 立ち上がりや歩行の介助の仕方を具体的に書こう
・立ち上がりは手を握り，高齢者に前かがみになってもらい，おしりを浮かせたらひざを伸ばして上体をおこす。引っ張り上げたりしない。
・歩行は，高齢者の隣で脇を支え，自分たちと歩く速さが違うので高齢者のペースで歩くようにする。　　　知・技② |

2　耳の聞こえに配慮した伝え方を知ろう

| グループで実践して工夫したこと
・ジェスチャーを入れる
・短い文で伝える
・高すぎず，低すぎない！ | 耳の聞こえに配慮した伝え方を具体的に書こう
・大きすぎず，小さすぎず，適度な大きさで，ゆっくり話す
・短文で，区切りながらはっきりと伝える
・ジェスチャーを交えて伝える　　　知・技② |

主体的に学習に取り組む態度」①の「おおむね満足できる」状況（B）の記述例

> 今日の学習を振り返って
>
> 　高齢者の立ち上がりの介助は，最初に高齢者の手を引っ張ってしまい，うまくできなかったが，何度か繰り返し，重心の移動のさせかたが分かったらできるようになった。さらに介護福祉士さんに教わって，お互いのひざを合わせるとよいことも分かり，何度か体験してコツをつかむことができた。

【展開例2】〔3〕（1，2/3時間）

(1) **小題材名**　地区運動会「スマイルプロジェクト」に取り組もう

(2) **ねらい**　　地区運動会「スマイルプロジェクト」の計画（サポートマニュアル）を工夫することができる。

(3) **展　開**

時 （分）	学習活動	・指導上の留意点 評価規準　（評価方法）
5	1　本時の学習課題を確認する。 　「スマイルプロジェクト」の計画を工夫しよう	・高齢者の身体の特徴を振り返る。
5	2　運動会の課題を確認する。 　・競技内容が分かりにくく参加が少ない 　・競技のアナウンスが聞こえにくい 　・高齢者が応援しやすい座席が少ない	
30	3　地区ごとに運動会プログラムにそってサポートマニュアルを作成する。 【課題の例】 　・年代に応じた内容の工夫と説明 　・競技参加者への個別の声がけ 　・高齢者のための応援席の確保	〔思考・判断・表現〕 ②地区運動会での高齢者など地域の人々と関わり，協働する方法について「スマイルプロジェクト」の計画を考え，工夫している。 （計画・実践記録表）（相互評価）
30	4　作成したサポートマニュアルを発表し合い，改善する	
20	5　地区の運動会運営者にアドバイスをもらい，更にサポートマニュアルを見直す。	・他の地区の発表を記録させる。 ・他の地区を参考に改善を促す。
10	6　本時の学習を振り返り，発表する。	〔主体的に学習に取り組む態度〕 ②高齢者など地域の人々との関わりについて，課題解決に向けた一連の活動を振り返って改善しようとしている。 （ワークシート）（行動観察）

(4) **学習評価の工夫**

　本時の「思考・判断・表現」の評価規準②については，地区運動会「スマイルプロジェクト」の計画・実践記録表の記述内容や相互評価から評価している。

　〔2〕で学習した高齢者などの身体の特徴を踏まえた関わり方に関する学習や，他の生徒からのアドバイスを生かして，「協力・協働」の視点から，高齢者など地域の人々と関

わり，協働する方法を考えてサポートマニュアルを作成し，計画を工夫している場合を「おおむね満足できる」状況（B）と判断した。その際，「努力を要する」状況（C）と判断される生徒に対しては，高齢者の身体の特徴などを確認したり，他の生徒の計画の記述内容を参考にしたりして計画を工夫できるようにする。

　「主体的に学習に取り組む態度」の評価規準②については，ワークシートの記述内容と行動観察から評価している。「スマイルプロジェクト」の計画について，適切に自己評価し，友達のサポートマニュアルを参考に，高齢者と協働する方法について工夫しようとしている場合に「おおむね満足できる」状況（B）と判断した。

◆評価に関する資料
計画・実践記録表の一部
「思考・判断・表現」②の「おおむね満足できる」状況（B）の記述例

3(1)種目に沿ってサポートの仕方を書きましょう

	種　目	サポートの具体的な手立て	他のグループからのアドバイスを貼ろう	改善した内容
4	お手玉で卵レース	・一緒に走る ・方向を教える	足下が危ない 声をかけては？	・お玉を見ることで方向がわからなくなることと，足下がふらつくことから，一緒に走って「右」「左」と声をかける。
8	くす玉割り	・立ち上がりの介助	玉を拾う時は？	・玉を投げる時に立ち上がりを介助し，ひざの屈伸がきつい人には，地面に落ちている玉を拾って手渡す。

思②

(2)種目以外のサポートの内容とその仕方を書きましょう

内　容	具体的な手立て	他のグループからのアドバイスを貼ろう	改善した内容
競技アナウンスが聞こえない	同じ内容を伝える	プログラムを見せながらはっきり・ゆっくり説明	・プログラムを見せて，進行状況がわかるよう耳の近くではっきり，ゆっくり説明する。
座席の確保	後ろにする		・見ているだけでなく，一緒に応援できるよう近くに自分たちが座って声を合わせる。

思②

「主体的に学習に取り組む態度」②の「おおむね満足できる」状況（B）の記述例

学習を振り返って
種目のサポートの仕方については，前の時間に学んだ立ち上がりや歩行の介助の仕方を生かして計画を立てることができたが，伝え方については，場面を考えて計画を立てることができなかった。他の地区の発表を聞いて，競技のアナウンスの内容をそれぞれの高齢者にゆっくり，はっきり説明することなどを計画に加えて改善したい。 態②

6 主体的・対話的で深い学びの実現に向けた授業づくりのポイント

(1) 各学習過程における学習指導の工夫

生活の課題発見

〔1〕家庭生活と地域との関わりを考えよう （1時間目）　**主体的な学びの視点**

　事前のアンケートで生徒が地域の行事や活動への参加が少ない現状を把握したり，地区長から話を聞いたりすることにより，地域の活動に関わり，地域の一員として「協働」することの大切さに気付くようにしている。地区運動会で高齢者など地域の人々と関わり，協働するための課題を設定し，「スマイルプロジェクト」に主体的に取り組むことができるようにしている。

解決方法の検討と計画

〔2〕地区運動会「スマイルプロジェクト」に向けて高齢者　**対話的な学びの視点**
**　　との関わり方を考えよう　　　　　　　　（1，2時間目）**

　高齢者の身体の特徴を踏まえた関わり方についてグループで話し合い，介助や伝え方の体験をする。体験後，介助する側とされる側の思いを共有することで関わり方について理解を深めることができるようにしている。

〔3〕地区運動会「スマイルプロジェクト」に取り組もう　**対話的な学びの視点**
**　　　　　　　　　　　　　　　　　　　　　（1，2時間目）**

　「スマイルプロジェクト」に向けて，計画（サポートマニュアル）を工夫する。地区ごとにグループとなり，高齢者の身体の特徴を踏まえて種目などでどのようにサポートするかを話し合ったり，地区の運動会運営者からアドバイスをもらったりしながら，より実践可能な計画を立てることができるようにしている。

課題解決に向けた実践活動

地区運動会
「スマイルプロジェクト」
　の実践

車いす利用者のための応援席

実践活動の評価・改善

**　　　　　　　　　　　　　　　（3時間目）**　**主体的な学びの視点**

　「スマイルプロジェクト」の実践について振り返り，計画・実践記録表にまとめ，グループごとに発表する。他のグループの実践を参考に，自分たちの取組の評価・改善を行い，新たな課題を見付けたり，次の実践へ意欲的にとつなげたりしている。

深い学びの視点　題材を通して，生活の営みに係る見方・考え方のうち，「協働」を意識できるようにしている。高齢者など地域の人々との関わりが十分でない生徒の実態から，地区運動会を関わりの場として設定し，事前に高齢者との関わり方を体験する。その学びを生かし，運動会で協働するための計画をたて，他のグループの発表や運動会運営者のアドバイスをもとに計画を見直す。地区運動会「スマイルプロジェクト」で実践し，評価・改善する一連の学習活動の中で実感を伴って「協働」の概念を形成していくことがポイントである。

⑵ 実践的・体験的な活動の充実

　本題材では，高齢者との関わり方について，高齢者へのインタビューを取り入れたり，立ち上がりや歩行の介助，耳の聞こえ方と伝え方の体験的な活動を行ったりして，実感を伴って理解できるようにしている。どちらの活動も，する側とされる側の気持ちを話し合い，双方の思いを考えながらよりよい方法を話し合い，介護福祉士にアドバイスをもらい，再度体験している。このような活動を通して，地域の人々と協働することへの意欲につなげるようにしている。

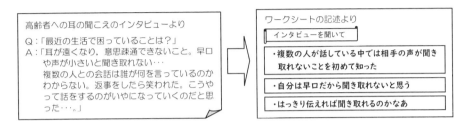

⑶ 地域との連携

　地区運動会は地域の行事であり，生徒たちはこれまで参加経験はあるものの中学校入学後，参加していない背景がある。そこで，地域との関わりの場を設定し，協力・協働の視点から課題を発見し，その解決に取り組むことができるようにしている。本題材では，地区長へのインタビューや地区運動会の運営者にアドバイスをもらうなど，地域と連携し，協力を得ながら，計画的に進めることにより，生徒一人一人が地域の一員として支える側になる意識がもてるようにしている。

■ 本題材で使用したワークシートや資料

計画・実践記録表の一部

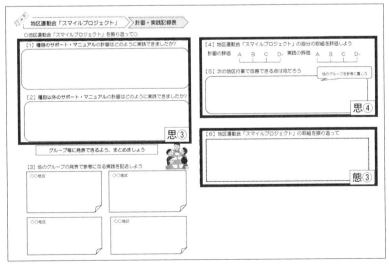

※〔3〕1 時間目

〈千田 満代〉

4

第3学年 家族・家庭生活

幼児の生活を
豊かにしよう

A (4)ア

1 題材について

　本題材は，「A 家族・家庭生活」の(2)「幼児の生活と家族」の学習を基礎とし，「B 衣食住の生活」の(3)「日常食の調理と地域の食文化」，(5)「生活を豊かにするための布を用いた製作」との関連を図った A (4)「家族・家庭生活についての課題と実践」の題材である。幼児の生活を豊かにするための間食の調理や遊び道具の製作等についての課題を設定し，幼児の「生活応援プロジェクト」の計画を立てて実践し，評価・改善する構成となっている。

2 題材の目標

(1)　幼児の生活の中から問題を見いだして課題を設定し，解決策を構想し，幼児の「生活応援プロジェクト」の計画を立てて実践した結果を評価，改善し，考察したことを論理的に表現するなどして課題を解決する力を身に付ける。

(2)　家族や地域の人々と協働し，よりよい生活の実現に向けて，幼児の「生活応援プロジェクト」について，課題の解決に主体的に取り組んだり，振り返って改善したりして，生活を工夫し創造し，家庭や地域で実践しようとする。

3 題材の評価規準

知識・技能	思考・判断・表現	主体的に学習に取り組む態度
	幼児の生活の中から問題を見いだして課題を設定し，解決策を構想し，幼児の「生活応援プロジェクト」の計画を立てて実践した結果を評価，改善し，考察したことを論理的に表現するなどして課題を解決する力を身に付けている。	家族や地域の人々と協働し，よりよい生活の実現に向けて，幼児の「生活応援プロジェクト」について，課題の解決に主体的に取り組んだり，振り返って改善したりして，生活を工夫し創造し，家庭や地域で実践しようとしている。

74

4 指導と評価の計画 **4時間**

〔1〕 幼児の「生活応援プロジェクト」に取り組もう（計画）…………(本時 2・3/3) 3時間
〔2〕 幼児の「生活応援プロジェクト」を振り返ろう（評価・改善）……………………… 1時間

次 時	○ねらい ・学習活動	評価規準・評価方法		
		知識・技能	思考・判段・表現	主体的に学習に取り組む態度
〔1〕 1	○幼児の生活の中から問題を見いだし, 幼児の「生活応援プロジェクト」の課題を設定することができる。 ・幼稚園訪問等を振り返ったり, 対象とする幼児の生活の特徴を調べたりして問題点を見いだし課題を設定する。 〈問題点〉 ・野菜が嫌い ・手作りおもちゃで遊ばせたい ・手洗いを上手にしたい 〈課題例〉 ・幼児の間食 ・幼児の遊び道具 ・幼児の生活習慣の形成 など		①幼児の生活の中から問題を見いだして幼児の「生活応援プロジェクト」の課題を設定している。 ・計画・実践レポート	①幼児の「生活応援プロジェクト」に関する課題の解決に向けて主体的に取り組もうとしている。 ・ポートフォリオ
2 3 本 時	○幼児の「生活応援プロジェクト」の計画を考え, 工夫することができる。 ・各自が対象とする幼児の課題に基づいて, 「生活応援プロジェクト」の計画を立てる。 ・幼児の「生活応援プロジェクト」の計画について, 課題（間食, 遊び道具, 生活習慣の形成等）ごとのグループで発表し合う。 ・発表について, よいところ, アドバイスを付箋紙に記入し, 意見交流をする。 ・ゲストティーチャー（保育士, 栄養士, 幼児の保護者）の感想やアドバイスを参考に, 計画を改善する。		②幼児の「生活応援プロジェクト」の課題の解決に向けて, よりよい生活を考え, 工夫している。 ・計画・実践レポート ・行動観察 ・相互評価	②幼児の「生活応援プロジェクト」の課題解決に向けた一連の活動を振り返って改善しようとしている。 ・ポートフォリオ ・行動観察
	家庭での実践			
〔2〕	○幼児の「生活応援プロジェクト」の実践についてまとめたり, 発表したり, 評価・改善したりすることができる。 ・グループで実践発表会を行い, アドバイスし合う。		④幼児の「生活応援プロジェクト」の課題の解決に向けた一連の活動について, 考察したこ	③更によりよい生活にするために幼児の「生活応援プロジェクト」に関する新たな課題を見付

| 1 | ・幼児の生活を応援するためのアイディアについて，実践を評価し改善する。
・新たな課題を見付け，次の実践に向けて考えたことを発表し合う。 | とを筋道を立てて説明したり，発表したりしている。
・計画・実践レポート
・行動観察
③幼児の生活を豊かにするための「生活応援プロジェクト」の課題の解決に向けて家庭や地域などで実践した結果を評価したり，改善したりしている。
・計画・実践レポート
・行動観察
・相互評価 | け，家庭や地域での次の実践に取り組もうとしている。
・ポートフォリオ
・行動観察 |

5 本時の展開〔1〕（2・3/3 時間）

(1) **小題材名** 幼児の「生活応援プロジェクト」に取り組もう（計画）

(2) **ねらい** 幼児の「生活応援プロジェクト」の計画を考え，工夫することができる。

(3) **展 開**

時 （分）	学習活動	・指導上の留意点 評価規準 （評価方法）
5	1 本時の学習課題を確認する 幼児の「生活応援プロジェクト」の計画を工夫しよう。	
30	2 各自が対象とする幼児の課題に基づいて，「生活応援プロジェクト」の計画を立てる。 〈課題例〉 ・野菜入り蒸しパンを作ろう ・布のソフトボールで遊ぼう ・手洗いの工夫を考えよう　　など	・幼児の心身の発達の特徴を踏まえ，調理や製作等の学習を生かして，「生活を豊かにする」視点から計画するよう確認する。 ・対象とする幼児の発達段階に合っているか，幼児の生活を豊かにすることができるかなどの視点から考えるよう助言する。
30	3 「生活応援プロジェクト」の計画について，課題（間食，遊び道具，生活習慣の形成等）ごとのグループで発表し合う。 4 発表について，よいところ，アドバイスを付箋紙に記入し，意見交流をする。	〔思考・判断・表現〕 ②幼児の「生活応援プロジェクト」の課題の解決に向けて，よりよい生活を考え，工夫している。 （計画・実践レポート）（行動観察）（相互評価）
20	5 ゲストティーチャー（保育士，栄養士，幼児の保護者）の感想やアドバイスを参考に，計画を改善する。	〔主体的に学習に取り組む態度〕 ②幼児の「生活応援プロジェクト」の課題解決に向けた一連の活動を振り返って改善しようとしている。 （ポートフォリオ）（行動観察）

5	6　本時を振り返り，家庭での実践に向けて考えたことをまとめる。	・家庭での実践への意欲を高め，見通しをもてるようにする。

⑷　学習評価の工夫

　本題材では，幼児の「生活応援プロジェクト」の一連の学習活動において，課題の発見，計画，実践，評価，改善について記録できる計画・実践レポートを作成している。

　本時の「思考・判断・表現」の評価規準②については，幼児の「生活応援プロジェクト」の計画を工夫する場面で計画・実践レポートの記述内容，行動観察，相互評価などから評価している。対象児の発達や生活の特徴を踏まえて，計画を工夫している場合を「おおむね満足できる」状況（B）と判断した。その際，「努力を要する」状況（C）と判断される生徒に対しては，他の生徒の発表を参考にするように促したり，具体的な方法をアドバイスしたりして，計画を工夫できるようにする。

　「主体的に学習取り組む態度」の評価規準②については，幼児の「生活応援プロジェクト」の計画を見直す場面で，ポートフォリオの記述内容，行動観察から評価している。うまくできたこと，できなかったことを自己評価し，他の生徒の発表やゲストティーチャーの助言を生かし，計画を見直そうとしている場合を「おおむね満足できる」状況（B）と判断した。

◆評価に関する資料
計画・実践レポートの一部
「思考・判断・表現」②の「おおむね満足できる」状況（B）の記述例

対象児	M君　5歳男児（幼稚園年長） 野菜が嫌い（特に緑黄色野菜）であまり食べない。おやつは，市販のお菓子が多い。		
テーマ	嫌いな野菜をおやつでおいしく食べよう		
【テーマ設定の理由】 ・幼児期は，成長のために食品をバランスよく食べて栄養を取ること。また，運動量が多く3回の食事以外に間食によって栄養を補う必要がある。 ・M君は，緑黄色野菜の味に敏感で，日常の食事では野菜はあまり食べていない。			
課　題	にんじんを使った蒸しパンを作る。（蒸しパンは消化吸収がよい）		
【具体的な実践計画】			
日時	8月6日　午後		
当日の手順			
1．材料と用具を準備する→蒸しパン作成手順を見ながら調理する→調理後の片づけをする。			

工夫すること			
工夫点	にんじんをすりおろして形をなくす	かわいいカップにする。（キャラクターの絵のあるもの）	みんなで楽しく食べるおやつタイムにする
アドバイス ○よいところ ●改善点	○にんじんをすりおろすと形がわからなくなるからいい ●薄力粉ではなく味のついているホットケーキミックスではどうか	○注意をキャラクターに向けて，M君の好き嫌いをなくそうとすること ●カップの大きさを考えたらどうか	○蒸しパンにしたところ ●蒸しパンは水分が少ないので，一緒に飲み物も考えたらどうか
発表への意見 ☆ゲストティーチャーから	☆にんじんはニンジンジュースを使って作ることも可能（固形物がない）。 ☆にんじんだけでなく，バナナなどの果物を一緒に入れるとにんじんの味がわかりにくくなる		
改善点	中に入れるものをにんじんだけでなく，バナナも加えて味がわからないようにする。どのくらいの割合で入れるのがよいか試してみる	M君が食べやすい大きさや形にして作る	水分補給のできる飲み物を考える 思②

6 主体的・対話的で深い学びの実現に向けた授業づくりのポイント

(1) 各学習過程における学習指導の工夫

生活の課題発見

解決方法の検討と計画

課題解決に向けた実践活動

実践活動の評価・改善

〔1〕幼児の「生活応援プロジェクト」に取り組もう（計画）**主体的な学びの視点**
（1時間目）

　身近な幼児や，幼稚園で関わった幼児の生活の中から問題点を見いだし，幼児の生活を豊かにするための「生活応援プロジェクト」について幼児の間食，幼児の遊び道具，幼児の生活習慣の形成などの課題を設定している。その際，対象幼児の発達段階や生活の特徴を再度確認し，見通しをもって取り組めるようにしている。

（2時間目・3時間目）　**対話的な学びの視点**
主体的な学びの視点

付箋紙に記入する様子

　これまでの幼児の発達や生活の学習と調理や製作等の学習を生かし，幼児の「生活応援プロジェクト」の計画を考える。
　同様の課題（幼児の間食，遊び道具，生活習慣の形成等）の小グループで計画を紹介し合い，幼児の発達段階に合っているか，幼児の生活を豊かにできるかなどの視点から，付箋紙を用いて意見交流する。
　さらに，ゲストティーチャーの感想やアドバイスを生かし，より具体的な計画に改善することができるようにしている。

幼児の「生活応援プロジェクト」を家庭で実践

〔2〕幼児の「生活応援プロジェクト」を振り返ろう　**対話的な学びの視点**
（評価・改善）　　　　　　　　　　　　（1時間目）**主体的な学びの視点**

　幼児の「生活応援プロジェクト」の実践について，計画・実践レポートをもとに，発表し，意見交流している。
　また，教室内に計画・実践レポートを課題ごとに掲示して，他の課題の工夫を共有し，新たな課題を見付け，次の実践への意欲をもつことができるようにしている。

深い学びの視点　題材を通して，生活の営みに係る見方・考え方のうち，「協力・協働」を意識できるようにしている。これまでに関わった幼児の生活を豊かにするために問題を見いだして課題を設定し，計画を立てて，実践を評価・改善する一連の学習過程を幼児の「生活応援プロジェクト」としている。間食の調理や遊び道具の製作等を通して，自分の家族やゲストティーチャーなどと関わり，幼児は親や周囲の人々が愛情をもって接し，見守られて成長していくことを実感を伴って理解するとともに，「協力・協働」という概念を形成していくことがポイントとなる。

(2)　ICT の活用

　本題材では，幼児の「生活応援プロジェクト」の計画を立てる場面で，ICT を活用して幼児の間食や遊び道具などについて調べている。また，実践の場面で，その様子をタブレット端末で記録している。さらに，評価・改善する場面で，写真，動画等を用いて実践報告書を作成する際に活用している。

(3)　個に応じた指導の充実

　本題材では，課題の解決方法の検討，計画の場面で，各自の課題に応じて支援ができるよう，ヒントコーナー（間食・遊び道具・生活習慣）を設け，実物見本や手順カードなどを準備している。

ヒントコーナーにおける実物見本（遊び道具）

(4)　家庭・地域との連携

　本題材では，幼児の「生活応援プロジェクト」の計画を立てる場面で，地域のゲストティーチャーからアドバイスをもらったり，実践の場面で，間食や製作品に対して家族からコメントをもらったりしている。そのため，「家庭科だより」で学習のねらいと内容を家庭に発信し，幼児の「生活応援プロジェクト」が充実した実践になるようにしている。

■　本題材で使用したワークシートや資料

①　計画・実践レポートの一部

実践の成果	実践の課題
・M君や家族に蒸しパンを食べてもらい，「おいしい」「にんじん入ってるの？」と言ってもらえた。 ・飲み物を一緒に出したことで食べやすくなった。 ・蒸す調理で学習したことを生かして作れた。	・蒸しパンは好評だったので，にんじん以外の野菜でも作ってみる。 ・蒸しパン以外の調理についても考える。 ・1回のおやつの分量と使う材料を検討する。

実践へのアドバイス	今後の改善策
【よかった点】 ・蒸しパンが色もきれいに仕上がっていた。 ・嫌いなにんじんを食べてもらえてよかった。 【改善点】 ・幼児のアレルギー等も考慮することが必要ではないか。 ・季節の野菜を利用すると栄養価が高い。 ・作り方などをM君の家族に伝えるとよいと思う	・蒸しパンは，使う材料（小麦粉や米粉）により食感が異なるので，様々な材料で作って比較してみる。 ・ごはんとおやつの関係について，幼児の成長に必要な栄養やエネルギーについて理解を深め，蒸しパン以外のおやつ作りをする。 ・おやつ以外の幼児の「生活応援」に取り組んでいく。 　　　　　　　　　　　　　思③④

※〔2〕で使用

②　ポートフォリオの一部

	[1]①	[1] ②③プロジェクト計画	[2]	学習を振り返って
できたこと できなかったこと		○対象児の苦手な野菜を取り入れたおやつの計画を立てることができた。 △にんじんを利用することだけを考えていた。		・幼児の苦手な野菜だけでなく，好きな野菜を聞いて，一緒に取り入れられるようにしていきたい。 ・幼児と一緒に作れるものを考えていきたい。 ・・・（中略）
改善に向けて		・幼児のおやつでは，カロリーや分量，食事への影響，飲み物などについて，具体的に調べ，計画に生かすようにした。 　　　　　　態②		・おやつには様々なものがあるが，幼児に合わせて作れる手作りの良さを生かして，安全で安心なおやつ作りをしていきたい。態③

※〔1〕～〔2〕で使用

〈清水　弘美〉

5

第1学年 衣食住の生活

目指そう
健康で豊かな食生活

B (1)ア(ア)(イ)イ, (2)ア(ア)(イ)イ

1 題材について

　本題材は,「B 衣食住の生活」の(1)「食事の役割と中学生の栄養の特徴」のア(ア),(イ)及びイと(2)「中学生に必要な栄養を満たす食事」のア(ア),(イ)及びイとの関連を図っている。健康によい食習慣や中学生の1日分の献立について問題を見いだして課題を設定し,中学生に必要な栄養の特徴,1日分の献立作成に関する学習を生かして,これからの生活を展望して課題を解決する力や,健康・安全な食生活を工夫し創造しようとする実践的な態度を育成することをねらいとしている。

2 題材の目標

(1)　生活の中で食事が果たす役割,中学生に必要な栄養の特徴,健康によい食習慣,栄養素の種類と働き,食品の栄養的な特質,中学生の1日に必要な食品の種類と概量,1日分の献立作成の方法について理解する。

(2)　健康によい食習慣,中学生の1日分の献立について問題を見いだして課題を設定し,様々な解決策を構想し,実践を評価・改善し,考察したことを論理的に表現するなどして課題を解決する力を身に付ける。

(3)　よりよい生活の実現に向けて,健康によい食習慣,中学生の1日分の献立について,課題の解決に主体的に取り組んだり,振り返って改善したりして,生活を工夫し,創造し,実践しようとする。

3 題材の評価規準

知識・技能	思考・判断・表現	主体的に学習に取り組む態度
・生活の中で食事が果たす役割について理解している。 ・中学生に必要な栄養の特徴が分かり,健康によい食習慣について理解している。 ・栄養素の種類と働きが分かり,食品の栄養的な特質について理解している。 ・中学生の1日に必要な食品の種類と概量が分かり,1日分の献立作成の方法について理解している。	健康によい食習慣,中学生の1日分の献立について問題を見いだして課題を設定し,様々な解決方法を考え,実践を評価・改善し,考えたことを表現するなどして課題を解決する力を身に付けている。	よりよい生活の実現に向けて,健康によい食習慣,中学生の1日分の献立について課題の解決に主体的に取り組んだり,振り返って改善したりして,生活を工夫し創造し,実践しようとしている。

4 指導と評価の計画　**10時間**

〔1〕健康によい食習慣について考えよう………………………（展開例1　本時 3/4）4 時間

〔2〕食品の栄養的な特質について考えよう ………………………………………… 2 時間

〔3〕中学生の 1 日分の献立を考えよう ……………………（展開例2　本時 3/4）4 時間

次時	○ねらい　・学習活動	評価規準・評価方法		
		知識・技能	思考・判断・表現	主体的に学習に取り組む態度
〔1〕1	○生活の中で食事が果たす役割について理解することができる。 ・共食と孤食を比較したり，行事などの食事場面について振り返ったりして，食事の役割について話し合う。 ○中学生に必要な栄養の特徴について理解することができる。 ・中学生と他の年齢の食事摂取基準の値を比較し，気付いたことを発表し合う。	①生活の中で食事が果たす役割を理解している。 ・ワークシート ②中学生に必要な栄養の特徴について理解している。 ・ワークシート		①食事の役割と中学生の栄養の特徴について，課題の解決に向けて主体的に取り組もうとしている。 ・ワークシート ・行動観察
2	○健康によい食習慣について理解することができる。 ・1 日の食事場面がイメージできる視聴覚教材などを活用して，健康によい食習慣について話し合う。 ○現在の自分の食習慣を振り返り，問題を見いだして課題を設定することができる。 ・1Week 食生活チェックカードを基に，自分の食習慣について問題点を見いだして課題を設定する。 〈問題点と課題の例〉 ・緑黄色野菜が苦手であまり食べないので食べるようにする。	③健康によい食習慣について理解している。 ・ワークシート	①自分の食習慣について問題を見いだして課題を設定している。 ・ワークシート	
3 展開例 1	○健康によい食習慣について考え，工夫することができる。 ・自分の食習慣の課題を解決する方法を考える。 ・同様の課題のグループで交流し，他の生徒や教師のアドバイスを基に解決方法を見直す。		②健康によい食習慣について考え，工夫している。 ・ワークシート	
	家庭で実践			
4	○実践した食習慣について評価・改善し，発表することができる。 ・2 週間の実践を振り返り，実践できたこと，できなかったことについてまとめる。 ・同様の課題のグループで発表し合い，相互評価する。 ・他の生徒や教師のアドバイスを基に，今後どのように食習慣を		④健康によい食習慣について，課題解決に向けた一連の活動について，考察したことを論理的に表現している。 ・ワークシート ・行動観察	②食事の役割と中学生の栄養の特徴について，課題の解決に向けた一連の活動を振り返って改善しようとしている。 ・ワークシート

81

			③健康によい食習慣について，実践を評価したり，改善したりしている。 ・ワークシート	・行動観察
（2） 1 2	○栄養素の種類と働き，食品の栄養的特質について理解することができる。 ・学校給食や弁当の献立に使われている食品に含まれる栄養成分を日本食品標準成分表を用いて調べる。 ・それらの食品を食品群に分類し，食品の栄養的な特質を確認する。	④栄養素の種類と働きが分かり，食品の栄養的特質について理解している。 ・ワークシート		①中学生に必要な栄養を満たす食事について，課題の解決に向けて主体的に取り組もうとしている。 ・献立表 ・行動観察
（3） 1 2	○中学生の1日に必要な食品の種類と概量が分かり，1日分の献立作成の方法について理解することができる。 ・1日の食事例について，食品群別摂取量の目安（概量）を用いて栄養のバランスを確認する。 ○中学生の1日分の献立について問題を見いだして課題を設定することができる。 ・献立の条件（夕食のみ指定）を確認する。 ・自分の普段の生活を振り返って朝食・昼食を考え，1日分の献立を立てる。 ・献立を点検し，問題点を見いだし，課題を設定する。 〈問題点と課題の例〉 ・2群と3群が不足しているので，それらをとり入れる。	⑤中学生の1日に必要な食品の種類と概量が分かり，1日分の献立作成について理解している。 ・ワークシート	①中学生の1日分の献立について問題を見いだして課題を設定している。 ・献立表	
3 展開例 2	○中学生の1日分の献立について考え，工夫することができる。 ・料理カードやデジタル教材などを活用し，前時の献立の修正方法を考える。 ・食品群別摂取量の目安（概量）を用いて栄養のバランスと量を再確認する。 ・グループで交流し，献立についてアドバイスし合う。		②中学生の1日分の献立について考え，工夫している。 ・献立表	②中学生に必要な栄養を満たす食事について，課題の解決に向けた一連の活動を振り返って改善しようとしている。 ・献立表 ・行動観察
4	○1日分の献立を発表し合い，評価・改善することができる。 ・各自で立てた献立をグループで発表し，相互評価する。 ・他の生徒や教師のアドバイスを基に，改善点を考え発表し合う。		④中学生の1日分の献立について，課題解決に向けた一連の活動について，考察したことを論理的に表現している。 ・献立表	③よりよい食生活の実現に向けて，食事の役割と中学生の栄養の特徴，中学生に必要な栄養を満たす食事について工夫し創造し，実践しよう

		③中学生の1日分の献立について，実践を評価したり，改善したりしている。・献立表	としている。・ワークシート・献立表

5　本時の展開

【展開例1】〔1〕（3/4時間）

(1)　**小題材名**　健康によい食習慣について考えよう。

(2)　**ねらい**　健康によい食習慣について考え，工夫することができる。

(3)　**展　開**

時（分）	学習活動	・指導上の留意点　評価規準　（評価方法）
5	1　本時の学習課題を確認する。 食習慣を改善する方法を考えよう	・前時に学習した健康によい食習慣について確認する。
5	2　前時に設定した自分の食習慣の課題を確認する。 〈課題の例〉 ・緑黄色野菜を食べるようにする。	・今後2週間実践することを知らせる。
15	3　どのように課題を解決するにはどのようにすればよいのかを考える。 〈解決方法の例〉 ・野菜は毎回の食事に取り入れ，果物もできるだけ食べるようにする。	・解決方法についてこれまでの学習を踏まえ，健康の視点から考えるよう助言する。
10	4　解決方法についてグループで発表し合い，意見交換する。	・同様の課題でグループを編成する。 ・他教科等の既習事項や自分の生活経験と関連付けて考えるよう助言する。
10	5　他の生徒や教師のアドバイスを基に，解決方法を見直す。	〔思考・判断・表現〕 ②健康によい食習慣について，考え，工夫している。 （ワークシート）
5	6　本時の学習を振り返り，まとめる。	・実践への意欲を高めるようにする。

(4)　学習評価の工夫

　本時の「思考・判断・表現」の評価規準②については，よりよい食習慣を身に付けるための計画を立てる場面で，ワークシートの記述内容から評価している。

　これまでに学習した食習慣に関する基礎的・基本的な知識を活用し，自分の食習慣を振り返って具体的に解決方法を考えている場合を「おおむね満足できる」状況（B）と判断した。その際，「努力を要する」状況（C）と判断される生徒に対しては，健康によい食習慣の具体例を示し，自分自身の生活と結び付けて考えられるようにする。

◆評価に関する資料

ワークシートの一部
「思考・判断・表現」②の「おおむね満足できる」状況（B）の記述例

1 食習慣を改善する方法を考えよう　　　次の(1)～(5)を記入しよう。

(1) 問題点

①寝坊して朝食を食べない日がある。
②夜遅い時間にスナック菓子や菓子パンを食べる。
③緑黄色野菜が苦手であまり食べない。

思②

(2)食習慣の課題	(3)解決するための方法	(4)友達からのアドバイス	(5)友達からのアドバイスを基にした改善策
①朝食を毎日食べ、1日3食とれるようにする。	①早起きして、朝食を食べるようにする。	①夜寝る時間を見直した方がよい。	①夜寝る時間を早くして朝食の時間を確認する。
②夜遅くに菓子類を食べなくてすむようにする。	②おなかがすいていても我慢して食べないようにする。	②甘いものはやめて、食べるものやその量を見直せばよい。	②どうしてもおなかがすいた時には、菓子ではなく果物にして、量も少なめにする。
③緑黄色野菜を食べるようにする。	③緑黄色野菜を工夫してとり入れる。	③味付けや料理の仕方が変わると食べられるようになるよ。	③苦手な野菜も食べられるよう、味付けに調理法を工夫する。

【展開例2】〔3〕（3/4時間）

(1) **小題材名**　1日分の献立を考えよう

(2) **ねらい**　　中学生の1日分の献立について考え、工夫することができる。

(3) **展　開**

時（分）	学習活動	・指導上の留意点　評価規準　（評価方法）
5	1　前時の学習を振り返り、作成した1日分の献立の課題を確認する。 〈課題の例〉 ・2群と3群が不足しているので、それらをとり入れる。 2　本時の学習課題を確認する。 中学生の1日分の献立をよりよくしよう	・食品群別摂取量の目安（概量）を用いて栄養のバランスを確認しながら1日分の献立を考えるよう助言する。
25 5 10	3　給食の献立や料理カード、デジタル教材などを活用して、過不足する食品群等に含まれる食品や料理の組合せを考え、1日分の献立を修正する。 4　食品群別摂取量の目安を用いて栄養のバランスや1日分の食事の量を再確認する。 5　グループで交流し合い、献立を完成させる。	・資料を活用して献立を改善するよう促す。 ・必要量がとれているかどうかを確認して修正しながら完成させるよう伝える。 〔主体的に学習に取り組む態度〕 ②食事の役割と中学生の栄養の特徴、中学生に必要な栄養を満たす食事について、課題の解決に向けた一連の活動を振り返って改善しようとしている。 （ワークシート）（献立表）（行動観察） 〔思考・判断・表現〕 ②中学生の1日分の献立について考え、工夫している。（献立表） ・食品や料理の組合せについて助言し、課題を解決できるようにする。
5	6　本時の学習を振り返る。	

⑷　学習評価の工夫

　本時の「思考・判断・表現」の評価規準②については，1日分の献立を考える場面で，献立表の記述から評価している。課題の解決を目指して中学生に必要な栄養素を満たす1日分の献立を工夫し，その理由を記述している場合を「おおむね満足できる」状況（B）と判断した。その際，「努力を要する」状況（C）と判断される生徒に対しては，再度食品群別摂取量の目安を確認して，過不足のある食品群に含まれる食品や料理の組合せを料理カードやデジタル教材を用いて考えさせたり，個別に支援したりして，献立を工夫できるようにする。

　「主体的に学習に取り組む態度」の評価規準②については，献立表の記述内容及び行動観察から評価している。1日分の献立について，うまくできたことやできなかったことを適切に評価し，他の生徒や教師からアドバイスをもらうなど，1日分の献立作成に向けて取り組もうとしている場合を「おおむね満足できる」状況（B）と判断した。

◆評価に関する資料
献立表の一部
「思考・判断・表現」②の「おおむね満足できる」状況（B）の記述例

▼献立表

	献立	材料名	g
主食	米飯	米	120
夕食 主菜	ハンバーグステーキ	あいびき肉	80
		玉ねぎ	30
		バター	2
		パン粉	5
		牛乳	10
		卵	12
		油	3
副菜	付け合わせ	じゃがいも	50
		レタス	30
汁物	野菜スープ	キャベツ	10
		たまねぎ	10
	りんご	りんご	50

	献立	材料名	1群	2群	3群	4群	5群	6群
朝食								
昼食								
夕食								
食品群別摂取量のめやす（12～14歳）			330 300	400 400	100 100	400 400	500 420	25 20
①献立の点検をしよう（合計）			320g	190g	20g	350g	480g	25g
②過不足の記入			10g	210g	80g	50g	20g	0g
③改善後の点検をしよう（合計）			330g	400g	110g	400g	500g	25g

課題を解決するために工夫した点
・2群をとるために，朝食にヨーグルトとチーズを加え，夕食のスープにわかめを入れるようにした。
・3群をとるために，夕食のハンバーグステーキの付け合わせにミニトマトを加えた。朝食のサラダにブロッコリーとにんじんを加えた。

6 主体的・対話的で深い学びの実現に向けた授業づくりのポイント

(1) 各学習過程における学習指導の工夫

生活の課題発見

〔1〕健康によい食習慣について考えよう　　（1時間目）　**主体的な学びの視点**
・健康によい食習慣について主体的に考えることができるよう，1Week食生活チェックカードを基に自分の食習慣を振り返り，課題を設定できるようにしている。

〔3〕1日分の献立を考えよう　　（1時間目）
・中学生の1日に必要な食品の種類と概量を踏まえ，食品群別摂取量の目安を用いて栄養のバランスを確認し，過不足のある食品群を明らかにして課題を設定し，献立作成の見通しをもつことができるようにする。

解決方法の検討と計画

〔1〕健康によい食習慣について考えよう　　（3時間目）　**対話的な学びの視点**
・自分の食習慣の課題を解決するにはどうすればよいかを具体的に考え同様の課題のグループで発表し合う。

〔3〕1日分の献立を考えよう　　（3時間目）
・中学生の1日に必要な食品の種類と概量を確認しながら，1日分の献立について考える。必要量を満たすためにグループで互いにアドバイスし合ったり，修正点を話し合ったりするなどして進めている。

給食の献立例

課題解決に向けた実践活動

健康によい食習慣を家庭で実践

1日分の献立作成

実践活動の評価・改善

〔1〕健康によい食習慣について考えよう　　（4時間目）　**対話的な学びの視点**　**主体的な学びの視点**
・2週間の実践を振り返り，うまくいったこと，うまくいかなかったことについて整理する。他の生徒からのアドバイスをもとに，「自分にも当てはまるのでやってみよう」という意欲や新たに課題を見付けることができるようにする。

〔3〕1日分の献立を考えよう　　（4時間目）
・完成した献立を発表し合って相互評価し，参考にしたい点や更によい献立にするための改善点を記入する。食品の組合せや種類について改善点を具体的に挙げさせることにより，今後に向けて新たな課題をもつことができるようにする。

深い学びの視点　題材を通して，生活の営みに係る見方・考え方のうち，「健康」を意識できるようにしている。健康によい食習慣について問題を見いだして課題を設定し，自分にできる改善方法を具体的に考えることで，よりよい食習慣を身に付けることができるようにしている。また，中学生の1日分の献立について考え，工夫する場面では，栄養を考えた食品の組合せを中心とし，季節や調理法についても考えることで家庭での実践につなげる。これらの学習を通して，将来にわたってよりよい食習慣を身に付けることや栄養のバランスを考えた食事の大切さについて実感を伴って理解し，「健康」という概念を形成していくことがポイントとなる。

⑵　個に応じた指導の充実

　献立作成の場面では，栄養のバランスを中心に考えるが，調理法や季節，調理時間などの点からも考えることができるよう，資料を準備している。給食の献立表，料理カードをグループに配付したり，デジタル教材，旬の食材コーナー等を設置したりして必要に応じて調べられるようにしている。また，具体的な材料や作り方を調べるためにタブレット端末を活用できるようにしている。

⑶　家庭との連携

　本題材では，1Week食生活チェックカードを用いて日頃の食事の仕方を振り返ったり，食事の内容を見つめたりしている。いずれも家庭での食事との関連が深い内容であるため，生徒のプライバシーにも十分配慮している。また，健康によい食習慣の実践を学年通信等で保護者に発信することにより，家庭での実践に協力を得ることができるようにしている。

■　本題材で使用したワークシートや資料

ワークシートの一部

1 Week 食生活チェックカード

↓ 当てはまる項目をチェック ✓

	内　容	□毎日している	□ときどきしている	□ほとんどしていない
1	食事は1日3食、ほぼ決まった時間に食べていますか。	□毎日している	□ときどきしている	□ほとんどしていない
2	夕食は就寝1時間30分前までに食べ終わっていますか。	□毎日している	□ときどきしている	□ほとんどしていない
3	朝食を食べていますか。	□毎日している	□ときどきしている	□ほとんどしていない
4	緑黄色野菜を食べていますか。	□毎日している	□ときどきしている	□ほとんどしていない
13	給食を残さず食べていますか。	□毎日している	□ときどきしている	□ほとんどしていない
14	食事は、家族など他の人と一緒に食べていますか。	□毎日している	□ときどきしている	□ほとんどしていない
15	食事はゆっくりよく噛んで、ゆとりをもって食べていますか。	□毎日している	□ときどきしている	□ほとんどしていない

1 食習慣を改善する方法を考えよう　次の⑴～⑸を記入しよう。

(1)問題点

(2)食習慣の課題	(3)解決するための方法	(4)友達からのアドバイス	(5)友達からのアドバイスを基にした改善点
			思②

※〔1〕3時間目で使用

〈加藤　順子〉

肉の調理～ハンバーグステーキで「おもてなしランチ」を作ろう～

B(3)ア(ア)(イ)(ウ)イ

1 題材について

　本題材は，「B 衣食住の生活」の(3)「日常食の調理と地域の食文化」のア(ア)，(イ)，(ウ)及びイとの関連を図った題材である。ハンバーグステーキ（以下ハンバーグ）を主菜とする1食分の調理について課題を設定し，「おもてなしランチ」の計画を立てて実践し，評価・改善する構成となっている。

「B 衣食住の生活」の「食生活」における「日常食の調理」の題材配列と指導内容

<table>
<tr><td colspan="2" rowspan="2">題材</td><td colspan="2">肉の調理
～ハンバーグステーキで「おもてなしランチ」を作ろう～</td><td>魚の調理
～煮魚夜定食と1日分の献立～</td><td>ふるさと大好き
私の自慢料理</td></tr>
<tr></tr>
<tr><td colspan="2">時間</td><td colspan="2">9時間</td><td>6時間</td><td>7時間</td></tr>
<tr><td rowspan="4">指導項目</td><td>(1)食事の役割と中学生の栄養の特徴</td><td colspan="2"></td><td>ア(イ)　イ</td><td></td></tr>
<tr><td>(2)中学生に必要な栄養を満たす食事</td><td colspan="2"></td><td>ア(ア)(イ)</td><td>ア(ア)(イ)　イ</td></tr>
<tr><td>(3)日常食の調理と地域の食文化
その他の内容</td><td>ア(ア)(イ)(ウ)</td><td>ア(ア)(イ)(ウ)</td><td>ア(ア)(イ)(ウ)　イ
C(2)ア　イ</td><td>ア(ア)(イ)(ウ)(エ)　イ</td></tr>
<tr><td colspan="2">実習題材</td><td>ハンバーグステーキ
スープ</td><td>蒸し野菜・芋
（付け合わせ）</td><td>煮魚　和え物
（一汁三菜の献立）</td><td>だしを用いた
煮物・汁物</td></tr>
<tr><td rowspan="7">(3)日常食の調理と地域の食文化</td><td colspan="2">(ア)用途に応じた食品の選択</td><td>肉</td><td>野菜</td><td>魚</td><td>肉・魚・野菜</td></tr>
<tr><td rowspan="2">(イ)食品の安全と衛生に留意した管理</td><td>保存方法</td><td>◎</td><td>○</td><td>○</td><td>◎</td></tr>
<tr><td>ごみ処理</td><td>○</td><td>○</td><td>○</td><td>○</td></tr>
<tr><td rowspan="2">(ウ)材料に適した加熱調理の仕方</td><td>加熱方法</td><td>焼く　煮る</td><td>蒸す</td><td>煮る　ゆでる</td><td>煮る　ゆでる
蒸す</td></tr>
<tr><td>調味</td><td>塩　香辛料</td><td>塩　香辛料</td><td>塩　しょうゆ
みそ　砂糖</td><td>塩　しょうゆ
みそ　砂糖</td></tr>
<tr><td colspan="2">盛り付け</td><td colspan="2">洋風</td><td colspan="2">和風</td></tr>
</table>

2 題材の目標

(1)　用途に応じた食品（肉・野菜）の選択，食品（肉）や調理用具等の安全と衛生に留意した管理，材料（肉・野菜）に適した加熱調理の仕方（焼く・蒸す）について理解するとともに，それらに係る技能を身に付ける。

(2)　ハンバーグを主菜とする1食分の調理（「おもてなしランチ」）における食品の選択や調理の仕方，調理計画について問題を見いだして課題を設定し，解決策を構想し，実践を評価・改善し，考察したことを論理的に表現するなどして課題を解決する力を身に付ける。

(3)　よりよい生活の実現に向けて，ハンバーグを主菜とする1食分の調理（「おもてなしランチ」）について課題の解決に主体的に取り組んだり，振り返って改善したりして，生活を工夫し創造し，実践しようとする。

3　題材の評価規準

知識・技能	思考・判断・表現	主体的に学習に取り組む態度
・日常生活と関連付け，用途に応じた食品（肉・野菜）の選択について理解しているとともに，適切にできる。 ・食品や調理用具等の安全と衛生に留意した管理について理解しているとともに，適切にできる。 ・材料（肉・野菜）に適した加熱調理の仕方（焼く，蒸す）について理解しているとともに，適切にできる。	ハンバーグを主菜とする1食分の調理における食品の選択や調理の仕方，調理計画について問題を見いだして課題を設定し，解決策を構想し，実践を評価・改善し，考察したことを論理的に表現するなどして課題を解決する力を身に付けている。	よりよい生活の実現に向けて，ハンバーグを主菜とする1食分の調理について，課題の解決に主体的に取り組んだり，振り返って改善したりして，生活を工夫し創造し，実践しようとしている。

4　指導と評価の計画　　9時間

〔1〕家族をもてなすランチを作ろう ………………………………………………… 1時間

〔2〕用途に応じた食品（肉・野菜）の選択の仕方をマスターしよう ……………… 1時間

〔3〕ハンバーグと蒸し野菜の作り方をマスターしよう ………………（展開例1・2）3時間

〔4〕ハンバーグを主菜とした「おもてなしランチ」を調理しよう …………………… 4時間

| 次
時 | ねらいとする学習活動 | 評価規準・評価方法 | | |
		知識・技能	思考・判段・表現	主体的に学習に取り組む態度
〔1〕 1	○ハンバーグを主菜とする「おもてなしランチ」における食品の選択や調理の仕方，調理計画について問題を見いだして課題を設定することができる。 ・1食分の献立の条件を確認する。 ┌「おもてなしランチ」献立 │主菜　ハンバーグ │主食　パン │副菜　蒸し野菜 │汁物　スープ └ ・「おもてなしランチ」について課題を設定する。 ┌課題（例） │・食品の選択：肉や野菜の種類，選び方 │・調理の仕方：ハンバーグのこね方，成形の仕方，焼き方　蒸し器の扱い │・調理計画：手順を考えた効率的な調理計画 └		①「おもてなしランチ」における食品の選択や調理の仕方，調理計画についてについて問題を見いだして課題を設定している。 ・ワークシート	
〔2〕 1	○用途に応じた食品（肉・野菜）の選択について理解し，適切に選択することができる。 ・肉の種類や部位の特徴について調べ，まとめる。 ・用途に応じた肉や野菜の選択について考え，なぜそのようにするのか発表する。	①用途に応じた食品（肉・野菜）の選択について理解しているとともに，適切にできる。 ・ワークシート		

	・安全を守る仕組み（残留農薬や放射性物質）を調べ，発表する。			
〔3〕 1 2 展開例 1	○調理用具の安全な取扱いとハンバーグの調理の仕方について理解し，適切に調理することができる。 ・ハンバーグ調理の動画を視聴し，肉の扱いやフライパンの扱いについてなぜそのようにするのか考える。 ・ペアで試し調理を行う。 ・ひき肉の取扱い，こね方，焼き方について気付いたことをまとめ，発表する。 ・確認テストにより，ハンバーグの調理の仕方を振り返る。	②食品や調理用具等の安全と衛生に留意した管理について理解しているとともに，適切にできる。 ・行動観察 ③ハンバーグの調理の仕方について理解しているとともに，適切にできる。 ・確認テスト ・行動観察 **指導に生かす評価**		①「おもてなしランチ」について，課題の解決に向けて主体的に取り組もうとしている。 ・ワークシート
3 展開例 2	○蒸し野菜の調理の仕方を理解し，適切に調理することができる。 ・グループで野菜又はいもを分担し，ゆでる，蒸すの加熱方法で調理し，調理の特徴をまとめる。 ・蒸す加熱調理の特徴を生かしてハンバーグの付け合わせを考え，発表する。	②の評価規準 ・行動観察 ④蒸し野菜の調理の仕方について理解しているとともに，適切にできる。 ・ワークシート ・行動観察 **指導に生かす評価**		
〔4〕 1	○「おもてなしランチ」の調理計画を考え，工夫することができる。 ・材料・分量を確認する。 ・手順を考えた効率的な調理計画を立てる。 ・調理計画を見直す。		②「おもてなしランチ」における食品の選択や調理の仕方，調理計画について考え，工夫している。 ・計画・実習記録表	②「おもてなしランチ」について，課題の解決に向けた一連の活動を振り返って改善しようとしている。 ・ワークシート ・行動観察
2 3	○調理計画をもとに，ハンバーグを主菜とする「おもてなしランチ」を調理することができる。 ・ペアで互いの分担を確認する。 ・ハンバーグは，一人ずつ焼き，調理の過程をタブレット端末で撮影し合う。 ・試食する。	③④の評価規準 ・行動観察 **記録に残す評価**		
4	○調理実習を振り返り，「おもてなしランチ」を家庭で一人で調理することを想定し，改善策を考え，発表する。 ・調理の様子をタブレット端末で確認しながら，グループで相互評価を行い，改善点をアドバイスし合う。 ・でき上がりの時間や手順を考えて，一人で調理する場合の調理		③「おもてなしランチ」の実践を評価したり，改善したりしている。 ・計画・実習記録表 ④「おもてなしランチ」の課題解決に向けた一連	③「おもてなしランチ」について工夫し，創造し，実践しようとしている。 ・ワークシート

90

| | 計画を立てる。
・グループで交流し，調理計画を改善する。 | | の活動について，考察したことを論理的に表現している。
・行動観察
・計画・実習記録表 |

5　本時の展開

【展開例１】〔２〕（１，２/３時間）

(1)　**小題材名**　ハンバーグと蒸し野菜の作り方をマスターしよう

(2)　**ねらい**　調理用具の安全な取扱いとハンバーグの調理の仕方について理解し，適切に調理することができる。

(3)　**展　開**

時 (分)	学習活動	・指導上の留意点 評価規準　（評価方法）
5	1　本時の学習課題を確認する。 ハンバーグの作り方をマスターしよう	
5 15 25	2　ハンバーグの材料を確認する。 3　ハンバーグの作り方の動画を視聴し，気付いたことを発表する。 4　ペアでハンバーグの試し調理を行う。 ・成形と焼くは，各自で行い，調理の様子をタブレット端末で撮影し合う。	・こね方，成形，焼き方について，なぜそのようにするのか考えるよう促す。 ・衛生面と安全面に十分注意して調理を進めるよう助言する。 〔知識・技能〕 ②食品や調理用具等の安全と衛生に留意した管理について理解しているとともに，適切にできる。（行動観察）
15 25 5	5　焼き方について相互評価し，試食する。 6　撮影した動画と作り方の動画を比較し，ひき肉のこね方，成形，焼き方などについて気付いたことをまとめ，発表する。 7　確認テストにより，ハンバーグの調理の仕方を振り返る	・焼き方見本を参考にできばえ（焼き色，形，中心の色：火が通っているか）を確認させる。 〔知識・技能〕 ③ハンバーグに適した調理の仕方について理解しているとともに，適切にできる。（確認テスト）（行動観察） **指導に生かす評価**
5	8　本時を振り返り，気付いたことや分かったことをまとめ，発表する。	〔主体的に学習に取り組む態度〕 ①「おもてなしランチ」における食品の選択や調理の仕方，調理計画についてについて，課題の解決に向けて主体的に取り組もうとしている。 （ワークシート）

(4)　**学習評価の工夫**

　本時の「知識・技能」の②及び③については，食品（肉）や調理用具（フライパン）等の取扱いとハンバーグの調理の仕方について理解し，適切にできているかを確認テストや

行動観察から評価する。ハンバーグは2回の調理実習を取り入れ，1回目の実習は，ペアで行い（成形と焼くは各自），「指導に生かす評価」（「努力を要する」状況（C）と判断される生徒への手立てを考えるための評価）とする。2回目の「おもてなしランチ」での実習〔3〕1，2時間目は，「記録に残す評価」とする。確認テストでは，ハンバーグの調理の仕方（成形の仕方，焼き方）だけではなく，なぜそのようにするのか，手順の根拠などを理解しているかどうかを評価する。例えば，下記の問題では，形成の仕方，焼き方について，理由とともに改善策を記述している場合を「おおむね満足できる」状況（B）と判断した。また，成形の仕方を生徒が互いにタブレット端末で撮影して確認したり，できばえ（焼き色，形，中心の色）を焼き方見本を参考に確認したりしている様子を観察する。その際，「努力を要する」状況（C）と判断される生徒に対しては，〔4〕1時間目の「おもてなしランチ」の調理計画を立てる際に，ハンバーグの調理の手順を再確認したり，写真や動画を用いて提示したりするなど，個に応じた指導を工夫する。

　「主体的に学習に取り組む態度」の評価規準①については，ワークシートの記述内容や行動観察から評価する。ハンバーグの試し作りを行う場面で，動画で成形の仕方を確認したり，見本の写真と比較したりして，焼き色を確認しながら調理しようとしている場合を「おおむね満足できる」状況（B）と判断した。その際，「努力を要する」状況（C）と判断される生徒に対しては，うまくいかなかった原因を一緒に考えたり，他の生徒の調理の仕方を参考したりするよう促す。

◆評価に関する資料
確認テストの一部
「知識・技能」③の「おおむね満足できる」状況（B）の記述例

問題　A子さんは，ハンバーグの調理を行いましたが，外側に焼き色がついていたものの，中心まで火が通らず生焼けの状態でした。
問1　その原因としてどういうことが考えられますか。
・ハンバーグの厚さが厚すぎた ・火加減が強く，焼き時間が短かった。
問2　生焼けになるのを防ぐためのアドバイスをしましょう。
【A子さんへのアドバイス】
・成形の時に厚くなりすぎないように気を付け，中央をへこませてから焼く。 ・中火で表面に焦げ目をつけてから火を弱めて中まで火を通し，最後はふたをして蒸し焼きにする。

【展開例2】〔3〕（3/3時間）

(1)　**小題材名**　　ハンバーグと蒸し野菜の作り方をマスターしよう

(2)　**ねらい**　　蒸し野菜の調理の仕方を理解し，適切に調理することができる。

(3)　**展　開**

時 （分）	学習活動	・指導上の留意点 評価規準　（評価方法）
5	1　本時の学習課題を確認する。 蒸し野菜の作り方をマスターしよう	・小学校でのゆでると炒める調理の特徴を振り返る。

5	2　蒸し器の使い方を示範で確認する。	・蒸し器の安全な取扱いについて確認する。
15	3　グループで野菜（にんじん・ほうれん草・キャベツ）又はいも（じゃがいも）を分担し，ゆでる，蒸すの加熱方法で調理し，観察したり，試食したりする。 　　観察項目：色，形（煮崩れ），味	・小学校のゆでる調理の方法を振り返る。 〔知識・技能〕 ②食品や調理用具等の安全と衛生に留意した管理について理解しているとともに，適切にできる。（行動観察）
10	4　実験結果をグループでまとめ，ゆでる調理と蒸す調理の特徴を全体で発表し合う。	・調理の目的に合った加熱方法を選ぶことが必要であることに気付くようにする。 〔知識・技能〕 ④蒸し野菜の調理の仕方について理解しているとともに，適切にできる。 （ワークシート）（行動観察）
10	5　ハンバーグの付け合わせ（蒸し野菜）を考え，学習カードに記入する。	**指導に生かす評価** ・付け合わせの条件を確認する。 栄養のバランス　色合い　調味　季節感
5	6　本時を振り返り，まとめる。	

⑷　学習評価の工夫

　本時の「知識・技能」の④については，ゆでる調理と比較し，蒸し野菜の調理を行う場面で，食品（野菜）や調理用具（蒸し器）等の取扱いと蒸し野菜調理の仕方について理解し，適切にできているかをワークシートや行動観察から評価する。蒸す調理の特徴を実験結果（できあがりの色・形・味の比較）をもとに記述している場合を「おおむね満足できる」状況（B）と判断した。その際，「努力を要する」状況（C）と判断される生徒には，ゆでる調理と比較した実験結果をもとに，蒸す調理の特徴を確認する。評価規準②については，野菜の衛生に留意した洗い方や蒸し器の安全な取扱いについて記述している場合を「おおむね満足できる」状況（B）と判断した。

◆評価に関する資料
ワークシートの一部
「知識・技能」④の「おおむね満足できる」状況（B）の記述例

食品の種類	観点	ゆでたもの蒸したものを比較した結果
にんじん	色	違いはなかった
	形	違いはなかった
	味	蒸したものの方がゆでたものより味が少し濃かった
ほうれんそう	色	ゆでたものの方が色が鮮やかだった
	形	違いはなかった
	味	ゆでたものの方が苦みが少なかった
じゃがいも	色	蒸したものの方が黄色が少し濃かった
	形	ゆでたものは少しくずれていた
	味	蒸したものの方が少し甘く感じた

わかったこと　＜蒸す調理の特徴＞

・ほうれん草のような，あくの強い野菜は，ゆでる調理ではあくが抜けるが，蒸す調理ではあくが抜けず，苦みが残る。
・じゃがいもは，ゆでる調理では煮崩れがみられるが，蒸す調理では，材料が動かないため，煮崩れしない。

6 主体的・対話的で深い学びの実現に向けた授業づくりのポイント

(1) 各学習過程における学習指導の工夫

生活の課題発見

〔1〕家族をもてなすランチを作ろう　　　　　（1時間目）　**主体的な学びの視点**

　　家族のために「おもてなしランチ」を作ることをゴールとし,「健康・安全」の視点から,食品の選択や調理の仕方,調理計画について問題を見いだして課題を設定する。この活動により見通しをもって「おもてなしランチ」づくりに主体的に取り組むことができるようにしている。

解決方法の検討と計画

〔2〕用途に応じた食品（肉・野菜）の選択の仕方を　　　　**対話的な学びの視点**
　　　マスターしよう　　　　　　　　　　（1時間目）

　　調べたことをもとに「ハンバーグ」に適した肉を選び,その理由を根拠とともに説明できるようにしている。

〔3〕ハンバーグと蒸し野菜の作り方をマスターしよう（1〜3時間目）

　　試し調理を振り返る場面において,撮影した動画をもとに,ペアで作り方を評価し合い,改善点について互いにアドバイスし合う。さらに,ペアの気付きを全体で共有することで,考えを広げ深めることができるようにしている。

〔4〕ハンバーグステーキを主菜とした「おもてなしランチ」を調理しよう（1時間目）

　　試し調理の経験をもとに「おもてなしランチ」の計画を立て,ペアで安全と衛生,効率的な手順について評価し合い,調理計画を工夫することができるようにしている。

課題解決に向けた実践活動

ハンバーグと付け合わせ

　　　　　　　　　　　　　　　　（2〜3時間目）　**主体的な学びの視点**
　　ペアで協力してハンバーグを　　　　　　　　　**対話的な学びの視点**
主菜とした1食分の調理を行う。
ハンバーグは,一人ずつ焼き,調理の様子を動画で撮影し合う。

実践活動の評価・改善

　　　　　　　　　　　　　　　　　　（4時間目）　**主体的な学びの視点**

　　調理実習の振り返りでは,撮影した動画をもとに評価し合う。また,一人で調理することを想定して,でき上がり時間,手順を考えた効率的な調理計画について,新たな課題を見付け,家庭での「おもてなしランチ」作りに見通しをもって主体的に取り組めるようにしている。

深い学びの視点　題材を通して,生活の営みに係る見方・考え方のうち,「健康・安全」を意識できるようにしている。家族にハンバーグを主菜とした「おもてなしランチ」を作るために課題を見付け,ペアで試し調理や手順を考えた効率的な調理計画を考え,1食分の調理実習を行い,評価・改善する。さらに,家庭実践に向けて「おもてなしランチ」を一人で調理する計画を立てるという一連の活動を通して,実感を伴って「健康・安全」への理解を深め,概念を形成することがポイントとなる。

⑵　**ICTの活用**

　本題材では，ハンバーグの「成形」「焼き方」において，タブレット端末を活用して撮影し合い，調理を振り返る場面で，映像を確認しながら評価し合うことで，調理の仕方や調理計画の改善に生かすことができるようにしている。

　また，調理用具（フライパン・蒸し器）の扱い方などの動画を準備し，安全な取扱いを確かめてから調理することができるようにしている。

⑶　**実践的・体験的な活動**

　本題材では，野菜（にんじん・ほうれんそう）やいも（じゃがいも）をゆでたり蒸したりして試食し，色や形，味の変化などを比べている。このような実験を取り入れることで，蒸し器の安全な取扱いや蒸すの特徴について実感をもって理解できるようにしている。

本題材で使用したワークシートや資料

①　**記録映像確認項目（チェックリスト）の一部**

ハンバーグの調理を評価する観点			生徒氏名	K		
				1回目	2回目	
ハンバーグ	成形の仕方		②小判型に成形し，中央をくぼませている。	C	B	
	焼き方		③火加減を調整（強火→弱火）している	C	A	
			④ふたをして蒸し焼きにする	B	B	
	でき上がり	色	⑤表面に適度な焼き色がついている。	C	B	
		形	⑥厚さが均一な小判型である。	C	B	
		焼け具合	⑦中心まで火が通っている。	C	B	
1回目：指導に生かす評価，　2回目：記録に残す評価				C	B	

【A 十分満足　B おおむね満足　C 努力を要する】

②　**Aさんのでき上りの記録映像**

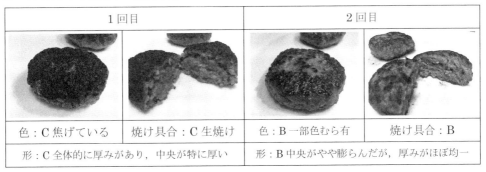

1回目		2回目	
色：C 焦げている	焼け具合：C 生焼け	色：B 一部色むら有	焼け具合：B
形：C 全体的に厚みがあり，中央が特に厚い		形：B 中央がやや膨らんだが，厚みがほぼ均一	

※〔3〕〜〔4〕で使用

〈大川　美子〉

7

第2学年 衣食住の生活

秋のおもてなし「地域のおすすめ和食定食」

B (3)ア(エ)イ

1 題材について

　本題材は，「B衣食住の生活」の(3)「日常食の調理と地域の食文化」アの(エ)及びイの関連を図った題材である。まず，家庭で調べてきた地域の食材を用いた煮物や汁物について発表したり，地域の食材や郷土料理について地域の人から話を聞いたりして地域又は季節の食材のよさや地域の食文化の意義について考える。次に，グループでご飯と煮魚，煮物，汁物を組み合わせた「地域のおすすめ和食定食」の献立を考え，1食分の和食の調理について課題を設定する。そして，課題の解決に向けてこれらの調理の仕方や効率的な調理計画を考え，実践し，評価・改善するという構成となっている。

2 題材の目標

(1)　地域の食文化，地域の食材を用いた和食の調理の仕方について理解するとともに，それらに係る技能を身に付ける。

(2)　地域の食材を用いた1食分の和食の調理における食品の選択や調理の仕方，調理計画について問題を見いだして課題を設定し，解決策を構想し，実践を評価・改善し，考察したことを論理的に表現するなどして課題を解決する力を身に付ける。

(3)　家族や地域の人々と協働し，よりよい生活の実現に向けて，地域の食文化，地域の食材を用いた1食分の和食の調理について，課題の解決に主体的に取り組んだり，振り返って改善したりして，生活を工夫し創造し，実践しようとする。

3 題材の評価規準

知識・技能	思考・判断・表現	主体的に学習に取り組む態度
地域の食文化，地域の食材を用いた和食の調理の仕方について理解しているとともに，適切にできる。	地域の食材を用いた1食分の和食の調理おける食品の選択や調理の仕方，調理計画について問題を見いだして課題を設定し，解決策を構想し，実践を評価・改善し，考察したことを論理的に表現するなどして課題を解決する力を身に付けている。	家族や地域の人々と協働し，よりよい生活の実現に向けて，地域の食文化，地域の食材を用いた1食分の和食の調理について，課題の解決に主体的に取り組んだり，振り返って改善したりして，生活を工夫し創造し，実践しようとしている。

4　指導と評価の計画　7時間

〔1〕地域の食材のよさを知ろう………………………………………………… 1時間
〔2〕「地域のおすすめ和食定食」の計画を立てよう ………………………(本時　3/3) 3時間
〔3〕「地域のおすすめ和食定食」を作ろう ……………………………………… 3時間

次時	○ねらい　・学習活動	評価規準・評価方法		
		知識・技能	思考・判段・表現	主体的に学習に取り組む態度
〔1〕 1	○地域の食文化について理解することができる。 ・家庭で調べてきた地域又は季節の食材を用いた煮物や汁物の作り方を発表し合う。 ・地域の食材について地域の人から話を聞いたり，地域の食材を用いた料理を試食したりして，地域の食文化の意義について考え，発表する。	①地域の食文化について理解している。 ・ワークシート ・行動観察		
〔2〕 1	○「地域のおすすめ和食定食」の調理における問題を見いだし，課題を設定することができる。 ・煮魚を主菜とする「地域のおすすめ和食定食」に合う地域又は季節の食材を用いた煮物，汁物を考える。 煮物・汁物（例） 　加賀れんこんと五郎島金時の煮物 　豆腐と彩り麩のすまし汁 ・1食分の和食の調理について課題を設定する。 ◆課題（例）だしのとり方		①「地域のおすすめ和食定食」の調理における食品の選択や調理の仕方，調理計画について，問題を見いだして課題を設定している。 ・ワークシート	①地域の食文化，「地域のおすすめ和食定食」の調理について，課題の解決に向けて主体的に取り組もうとしている。 ・ポートフォリオ ・行動観察
2	○地域の食材を用いた和食の調理（だしと汁物）の仕方を理解し，調理することができる。 ・混合だしのとり方を示範で確認し，グループで汁物を作る。 ・「地域のおすすめ和食定食」に用いるだしの種類を決める。 （例）昆布とかつお節 汁物（一番だし）煮物（二番だし） ・確認テストにより，汁物の調理の仕方を振り返る。	②地域の食材を用いた和食の調理の仕方について理解しているとともに，適切にできる。 ・行動観察 ・確認テスト **指導に生かす評価**		
3	○「地域のおすすめ和食定食」の調理における食品の選択や調理の仕方，調理計画について考え，工夫している。		②「地域のおすすめ和食定食」の調理における食品の選択や調理	②地域の食文化，「地域のおすすめ和食定食」の調理について，

	学習活動		思考・判断・表現	主体的に学習に取り組む態度
本時	・グループで調理計画を立て,役割分担を決める。 ・地域の人からアドバイスをもらい,調理計画を改善する。		の仕方,調理計画について考え,工夫している。 ・調理計画	課題解決に向けた一連の活動を振り返って改善しようとしている。 ・ポートフォリオ ・行動観察
〔3〕 1 2	○「地域のおすすめ和食定食」の調理の仕方について理解し,調理することができる。 ・調理計画に基づきグループで実習する。 ・配膳し,試食する。 ・気付いたことを実習記録表に記入する。	②地域の食材を用いた和食の調理の仕方について理解しているとともに,適切にできる。 ・行動観察 ・配膳の写真 **記録に残す評価**		
3	○「地域のおすすめ和食定食」の調理の実践について発表し,評価,改善することができる。 ・「地域のおすすめ和食定食」の実習を振り返り,実習記録表を記入する。 ・実習報告会で実践について発表し合い,評価,改善する。 ・家庭での実戦に向けて見通しをもつ。		④「地域のおすすめ和食定食」についての課題解決に向けた一連の活動について,考察したことを論理的に表現している。 ・実習記録表 ・行動観察 ③「地域のおすすめ和食定食」の実践を評価したり,改善したりしている。 ・実習記録表	③地域の食文化,「地域のおすすめ和食定食」の調理について工夫し,実践しようとしている。 ・ポートフォリオ ・実習記録表

5 本時の展開〔2〕(3/3 時間)

⑴ **小題材名** 「地域のおすすめ和食定食」の計画を立てよう

⑵ **ねらい** 「地域のおすすめ和食定食」の調理における食品の選択や調理の仕方,調理計画について考え,工夫している。

⑶ **展 開**

時 (分)	学習活動	・指導上の留意点 評価規準 (評価方法)
5	1 本時の学習課題を確認する。 「地域のおすすめ和食定食」の調理計画を工夫しよう	
5	2 グループで考えた料理の作り方とだしのとり方を確認する。 「地域のおすすめ和食定食」(例) 主菜:煮魚 副菜:加賀れんこんと五郎島金時の煮物 汁物:豆腐と彩り麩のすまし汁	・調理計画の参考となる資料を準備する。

20	3　グループで調理計画を立て，役割分担を決める。	・グループの課題を確認し，効率的な計画を立てるよう助言する。
	・食品の選択　　・調理の仕方　　・手順を考えた効率的な調理計画	
15	4　調理計画について発表し，他のグループや地域の人からアドバイスをもらい，調理計画を改善する。　　例：調理の仕方　改善点　・煮崩れを防ぐため五郎島金時は加賀れんこんの後に入れる。　・加賀れんこんは酢水につけ変色を防ぐ。	・なぜそのようにするのか理由を明確にしながら発表するよう助言する。　〔思考・判断・表現〕②「地域のおすすめ和食定食」の調理における食品の選択や調理の仕方，調理計画について考え，工夫している。（調理計画）　〔主体的に学習に取り組む態度〕②地域の食文化，「地域のおすすめ和食定食」の調理について，課題解決に向けた一連の活動を振り返って改善しようとしている。（ポートフォリオ）（行動観察）
5	5　本時を振り返り，気付いたことや分かったことをまとめ，発表する。	・実習への見通しをもたせる。

⑷　学習評価の工夫

　本時の「思考・判断・表現」の評価規準②については，「おすすめ和食定食」の調理計画を考え，工夫する場面で，調理計画の記述内容から評価している。食品の選択や調理の仕方を考えたり，手順を考えた効率的な調理計画を工夫したりしている場合を「おおむね満足できる」状況（B）と判断した。その際，「努力を要する」状況（C）と判断される生徒に対しては，地域の食材の選び方や調理の仕方を確認したり，調理の手順を考え，シミュレーションしたりするなどして，調理計画を立てることができるようにする。

　「主体的に学習に取り組む態度」の評価規準②については，ポートフォリオの記述内容及び行動観察から評価している。調理計画について，うまくできたことやできなかったことを適切に評価し，地域の人からアドバイスをもらうなど，調理実習に向けて取り組もうとしている場合を「おおむね満足できる」状況（B）と判断した。

◆評価に関する資料
調理計画の一部
「思考・判断・表現」②の「おおむね満足できる」状況（B）の記述例

課題 ＼ 料理名	主菜　煮魚	副菜　加賀れんこんと五郎島金時の煮物	汁物　豆腐と彩り麩のすまし汁
食品の選択	・かれいの切り身はどんなものが新鮮か・加賀れんこんはどんなものが新鮮か・豆腐はどんなものを選ぶとよいか	・白身の部分に透明感があるもの・表面にぬめりがあるもの　・傷がなく，黒ずんでいないもの	・消費期限が長いものを選ぶ
調理の仕方	・魚はいつ入れたらよいか・材料はどんな順番で入れるとよいか・しょうゆはいつ入れるとよいか	・煮汁が沸騰したら魚を入れる　※煮崩れを防ぐため落としぶたをする	・にんじん，五郎島金時，れんこんの順にいれる　※煮崩れを防ぐため五郎島金時は加賀れんこんの後にいれる　※加賀れんこんは酢水につけ変色を防ぐ	・だし汁が沸騰したらしょうゆを入れる
調理計画	・3品を同時に作るにはどんな手順でするとよいか	・煮物を煮込んでいるあいだに汁物，煮魚を調理する・だし汁は最初に作る	

※他のグループや地域の人からのアドバイスをもとに改善した点

6 主体的・対話的で深い学びの実現に向けた授業づくりのポイント

⑴ 各学習過程における学習指導の工夫

生活の課題発見

〔1〕地域の食材のよさを知ろう　（1時間目）　**主体的な学びの視点**

　事前に家庭で調べた地域又は季節の食材を用いた煮物，汁物の材料や作り方をグループで発表し，地域の食文化の意義について話し合うことにより，生活文化の継承を意識して学習に取り組むことができるようにしている。

⑵「地域のおすすめ和食定食」の計画を立てよう　（1時間目）

　グループでだしと地域の食材を用いた煮物，汁物を考え，「地域のおすすめ和食定食」の調理について問題を見いだして課題を設定し，その解決を目指して主体的に取り組み，見通しがもてるようにしている。

解決方法の検討と計画

　　　　　　　　　　　　　　　　　　　　（2時間目）　**対話的な学びの視点**

　グループでだしを用いた汁物の調理を行い，料理に適しただしの種類やとり方について話し合い，「地域のおすすめ和食定食」の煮物，汁物に用いるだしの種類を検討している。

　　　　　　　　　　　　　　　　　　　　（3時間目）

　グループで「地域のおすすめ和食定食」の調理計画を立て，食品の選択や調理の仕方，調理計画について発表し合う。他のグループや地域の人からのアドバイスを参考のアドバイスを参考にして話し合い，計画をよりよいものに改善できるようにしている。

話合いの様子

課題解決に向けた実践活動

〔3〕「地域のおすすめ和食定食」を作ろう（1・2時間目）

　調理計画に沿って「地域のおすすめ和食定食」の実習をする。

和食定食の配膳の写真

実践活動の評価・改善

　　　　　　　　　　　　　　　　　　　　（3時間目）　**対話的な学びの視点**
　　　　　　　　　　　　　　　　　　　　　　　　　　主体的な学びの視点

　実習報告会では，グループごとに計画どおりにできたかどうかなどを発表し合う。付箋紙に「よい点，改善点」を記入し，相互評価を行い，家庭での実践に向けてよりよいものにするために話し合う。また，実習を通して，味わった達成感，「自分一人でもできそうだ」という意欲を家庭での実践につなげ，実践への見通しがもてるようにしている。

深い学びの視点　題材を通して，生活の営みに係る見方・考え方のうち，「生活文化の継承」「健康」を意識できるようにしている。特に「生活文化の継承」について，地域又は季節の食材を用いた1食分の和食の調理から問題を見いだして課題を設定している。家庭や地域と連携を図って用途に応じた食品の選択や材料に適した調理の仕方，手順を考えた効率的な調理について解決策を検討し，調理計画を立てて実習を行い，評価，改善するという一連の学習活動の中で，実感を伴って地域の食文化について理解を深め，「生活文化の継承」という概念を形成していくことがポイントとなる。

⑵　**家庭・地域との連携**

　本題材の導入では，家族に地域の食材を用いた和食の調理（煮物，汁物）についてインタビューしたり，地域の食材や郷土料理について生産者の話を聞いたりして，地域の食材のよさや食文化について理解できるようにしている。また，「地域のおすすめ和食定食」の調理計画，調理実習，実習報告会の一連の課題解決に向けた活動において，地域と連携を図り，地域の人からアドバイスを得ることができるようにしている。

⑶　**教材の開発**

　地域の食材を用いた和食の調理ができるようにするために，右の教材を作成し，「地域のおすすめ和食定食」の献立作成や調理計画，調理実習において活用できるようにしている。

・地域の食材カード（食材の栄養と概量）
・だしを用いた煮物又は汁物の料理カード
・だしのとり方の動画
・材料の切り方カード
・生産者のインタビューの動画
・加賀れんこんの収穫場面の動画

◼ 本題材で使用したワークシートや資料

①　**ポートフォリオの一部**

「地域のおすすめ和食定食」の計画をたてよう（2〜4時間目）		
学習した日 月／日（曜日）	〇うまくできたこと △うまくできなかったこと	改善に向けて取り組んだこと
		態②
10／15 （水）	〇それぞれの調理作業に必要な時間を考えて調理計画を立てることができた。 △役割分担にかたよりがあり，うまくできないところがあった。	・煮魚，煮物，汁物の料理で分担するのではなく，シミュレーションしながら分断を決めると効率のよい計画が立てられると地域の人からアドバイスをもらい，役割分担を見直し計画を改善した。

※〔2〕3時間目で使用

②　**だし汁のとり方手順カード**

だし汁（昆布とかつお節）のとり方

1. 昆布を30分水につける　→　火にかける（中火）
2. 沸騰直前に昆布を取り出す
3. 沸騰したらかつお節をいれる。　再び沸騰したら火を止める
4. キッチンペーパーを敷いてだし汁をこす

※〔2〕2時間目で使用

〈大野　敦子〉

8

衣服等の再利用で地域の人々の生活を豊かにしよう

B (5)アイ

1 題材について

　本題材は，「B 衣食住の生活」の(5)「生活を豊かにするための布を用いた製作」のア及びイとの関連を図った題材である。「持続可能な社会の構築」の視点から衣生活について振り返り，地域で廃棄されている衣服等を再利用し，地域の人々の生活を豊かにする布を用いた物の製作について課題を設定し，計画を立て，実践，評価・改善する構成となっている。

　また，この題材では，生徒が地域の人々から収集した情報を生かして製作し，完成した作品を地域の人々に活用してもらうなど，地域との連携を図っている。

2 題材の目標

(1)　製作する物に適した材料や縫い方，用具の安全な取扱いについて理解するとともに，それらに係る技能を身に付ける。

(2)　生活を豊かにするための布を用いた物の製作計画や製作について問題を見いだして課題を設定し，解決策を構想し，実践を評価・改善し，考察したことを論理的に表現するなどして課題を解決する力を身に付ける。

(3)　よりよい生活の実現に向けて，生活を豊かにするための布を用いた製作について，課題の解決に主体的に取り組んだり，振り返って改善したりして，生活を工夫し創造し，実践しようとする。

3 題材の評価規準

知識・技能	思考・判断・表現	主体的に学習に取り組む態度
製作する物に適した材料や縫い方について理解しているとともに，用具を安全に取扱い，製作が適切にできる。	生活を豊かにするための布を用いた物の製作計画や製作について問題を見いだして課題を設定し，解決策を構想し，実践を評価・改善し，考察したことを論理的に表現するなどして課題を解決する力を身に付けている。	よりよい生活の実現に向けて，生活を豊かにするための布を用いた製作について，課題の解決に主体的に取り組んだり，振り返って改善したりして，生活を工夫し創造し，実践しようとしている。

4 指導と評価の計画　9時間

〔1〕地域の人々の生活を豊かにするために ……………………………………………………… 1 時間

〔2〕地域の人々の生活を豊かにするための布を用いた物の製作 …… (本時　3，4/8) 8 時間

次時	○ねらい　・学習活動	評価規準・評価方法		
		知識・技能	思考・判断・表現	主体的に学習に取り組む態度
〔1〕 1	○地域の人々の生活を豊かにするための布を用いた物の製作計画や製作について問題を見いだし，課題を設定することができる。 ・衣服等の廃棄の現状を知る。 ・ゲストティーチャーから地域の衣服回収や再利用について聞く。 ・地域の人々の生活を豊かにするための布を用いた物の製作について課題を設定する。 課題 衣服等を再利用してエコバッグを製作するには		①生活を豊かにするための布を用いた物の製作計画や製作について問題を見いだして課題を設定している。 ・製作計画・記録表	
〔2〕 1 2	○製作する物に適した材料や縫い方，用具の安全な取扱いについて理解し，適切に製作することができる。 ・ゲストティーチャーから衣服等の再利用の方法について聞く。 ・小学校の学習を生かし，再利用する布地に適した縫い方等を考え，エコバッグを製作する。	①製作する物に適した材料や縫い方，用具の安全な取扱いについて理解しているとともに，適切に製作ができる。 ・ワークシート ・再利用作品 **指導に生かす評価**		①生活を豊かにするための布を用いた製作について，課題の解決に向けて主体的に取り組もうとしている。 ・製作計画・記録表 ・行動観察
3 4 本時	○地域の人々の生活を豊かにするための布を用いた物の製作計画について考え，工夫することができる。 ・地域から回収した衣服等の中から再利用する衣服等を選び，製作計画を立てる。 ・同様の作品ごとのグループで，製作計画を発表し合い，見直す。		②生活を豊かにするための布を用いた物の製作計画や製作について考え，工夫している。 ・製作計画・記録表	②生活を豊かにするための布を用いた製作について，課題解決に向けた一連の活動を振り返って改善しようとしている。 ・製作計画・記録表 ・行動観察
5 6 7	○用具を安全に取扱い，生活を豊かにするための布を用いた物を製作することができる。 ・製作計画に沿って製作する。 ・つまずいたときは，「お助けカード」や掲示物等を参考にする。 ・製作について振り返り，製作計画・記録表に記入する。	①の評価規準 ・再利用作品 ・行動記録 **記録に残す評価**		

| 8 | ○完成した作品を発表し合い，評価・改善することができる。
・製作を振り返り，製作計画・記録表にまとめる。
・作品の「取扱い説明書」を作成する。
・同様の作品ごとのグループで発表し合う。
・他の生徒の発表や作品を参考に，自分の製作について評価・改善する。
・これからの衣生活の中で，不用となった衣服等の再利用について，新たな課題をまとめる。 | | ④生活を豊かにするための布を用いた物の製作計画や製作についての課題解決に向けた一連の活動について，考察したことを論理的に表現している。
・製作計画・記録表
・行動観察
③生活を豊かにするための布を用いた物の製作計画や製作について，実践を評価したり，改善したりしている。
・製作計画・記録表 | ③よりよい生活の実現に向けて，生活を豊かにするための布を用いた製作について工夫し創造し，実践しようとしている。
・製作計画・記録表 |

5 本時の展開〔2〕（3，4/8 時間）

(1) **小題材名** 地域の人々の生活を豊かにするための布を用いた物の製作

(2) **ねらい** 地域の人々の生活を豊かにするための布を用いた物の製作計画について考え，工夫することができる。

(3) **展 開**

時(分)	学習活動	・指導上の留意点 評価規準 （評価方法）
5	1 本時の学習課題を確認する。	
	地域の人々の生活を豊かにする物の製作計画を立てよう。	
20	2 地域で回収した衣服等の中から，自分の作品に用いる衣服等を選ぶ。 （例）衣服等：チェック柄のシャツ 　　理　由：柄がそのまま生かせる	・地域で回収した衣服等を紹介する。 ・衣服等の品質表示等を見たり，利用の仕方を考えたりしながら選ぶよう助言する。
25 20	3 製作計画を考え，製作計画・記録表に記入する。 4 同様の作品を製作するグループで検討し合い，全体で交流する。	・選んだ衣服等の利用の仕方や縫い方を，絵や図等で具体的に表すよう促す。 ・使う立場でアイディアを出し合い，実際に衣服等を用いて発表するよう助言する。 〔思考・判断・表現〕 ②生活を豊かにするための布を用いた物の製作計画や製作について考え，工夫している。（製作計画・記録表）

25	5　自分の製作計画を見直し，改善点を製作計画・記録表に記入する。	〔主体的に学習に取り組む態度〕 ②生活を豊かにするための布を用いた製作について，課題解決に向けた一連の活動を振り返って改善しようとしている。（製作計画・記録表）
5	6　本時の学習を振り返り，発表する。	

⑷　学習評価の工夫

　本題材では，地域の人々の生活を豊かにするために布を用いた物の製作について，一連の学習活動（計画，実践，評価・改善）を記録できる製作計画・記録表を作成している。

　本時の「思考・判断・表現」の評価規準②については，作品の製作計画を立てる場面で，製作計画・記録表の記述内容から評価している。選んだ衣服等とその理由，利用の仕方，縫い方の工夫について，理由とともに記述している場合を「おおむね満足できる」状況（B）と判断した。その際，「努力を要する」状況（C）と判断される生徒に対しては，同様の作品を製作する生徒の工夫を参考にするよう促したり，具体的な方法を助言したりして，計画を工夫できるようにする。

　「主体的に学習に取り組む態度」の評価規準②については，製作計画をグループで検討し合う場面で，製作計画・記録表の記述内容及び行動観察から評価している。適切に自己評価し，友達からのアドバイスを参考に自分の計画を改善しようとしている場合を「おおむね満足できる」状況（B）と判断した。

◆評価に関する資料
製作計画・記録表の一部　「思考・判断・表現」②の「おおむね満足できる」状況（B）の記述例

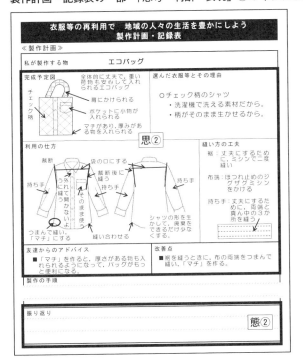

6 主体的・対話的で深い学びの実現に向けた授業づくりのポイント

(1) 各学習過程における学習指導の工夫

生活の課題発見

〔1〕地域の人々の生活を豊かにするために　（1時間目） 【主体的な学びの視点】

　地域で衣服の回収を行い，リメイク作品を製作しているゲストティーチャーに実際の取組を紹介してもらうことにより，衣類等を再利用して地域の人々の生活を豊かにしたいという意識を高めている。このことによって，生徒が製作の目的を明確にもって課題を設定し，見通しをもって主体的に製作に取り組めるようにしている。

解決方法の検討と計画

〔2〕地域の人々の生活を豊かにするための布を用いた製作　（3, 4時間目） 【対話的な学びの視点】

　製作計画を立てる場面では，衣服等をどのように利用するのかを考え，グループで検討している。その際，衣服等の利用の仕方，縫い方の工夫などの視点から話し合うようにしたり，グループ内で出たアイディアについて全体で交流したりすることによって，生徒個々の計画をより具体的なものに見直すことができるようにしている。

計画を検討している様子

課題解決に向けた実践活動

（5, 6, 7時間目） 【主体的な学びの視点】

　同様の作品を製作するグループで，互いにアドバイスしながら製作を進めるようにしている。つまずいた時は「お助けカード」を活用したり，製作手順の段階見本を参考にしたりしながら，製作に主体的に取り組めるようにしている。

完成した再利用作品（エコバッグ）

実践活動の評価・改善

（8時間目） 【主体的な学びの視点】【対話的な学びの視点】

　完成した再利用作品について振り返るとともに，衣服等をどのように再利用したのかについて記載した「取扱い説明書」を作成している。また，完成した作品をグループで発表し合い，互いの作品のよさなどを付箋紙にまとめ，相互評価を行う。これらを適切な自己評価につなげ，「他にも衣服等の再利用ができそうだ」という意欲と新たな課題を見付けることができるようにしている。

深い学びの視点　題材を通して，生活の営みに係る見方・考え方のうち，「持続可能な社会の構築」を意識できるようにしている。地域の衣服等の廃棄などの現状から問題を見いだして課題を設定し，地域で回収された衣服等を再利用して，地域の人々の生活を豊かにするための布を用いた物の製作をするという一連の学習活動を通して，実感を伴って「持続可能な社会の構築」という概念を形成していくことがポイントとなる。

⑵　ICT の活用

　選択した衣服等をどのように利用するのかを交流する場面では，小型の実物投影機を用いている。この機器は，投影部を外して持ち運ぶことができる。各グループで，再利用する衣服等のどの部分をどのように利用するのか，実際に衣服等を用いて検討している様子を電子黒板に映し出すことにより，具体的なイメージをもつことができるようにしている。

小型の実物投影機（投影部が取り外し可能）

⑶　地域との連携

　題材の導入で，地域で衣服を回収し，リメイク作品を製作しているゲストティーチャーと出会い，その取組を知ることにより，生徒がリメイク作品で地域の人々の生活を豊かにしたいという意欲をもつことができるようにしている。また，地域の人々が必要としている物を情報収集し，製作する物に生かしたり，完成した作品への思いを「取扱い説明書」にまとめて，地域の人々から感想をもらったりしている。このような活動を通して，製作の達成感などを味わい，自己有用感を高めたり，資源や環境への配慮に関する新たな課題を見いだしたりすることができるようにしている。

● 本題材で使用したワークシートや資料

①　「製作計画・記録表」の一部

《製作記録》

日付	今日の課題	振り返り
／		
／		
／		態①

完成した作品の写真	友達から
	地域の方から
製作の振り返り	思③

※〔2〕5，6，7時間目で使用

②　作品の「取扱い説明書」

「　　　　（作品名）　　　　」取扱い説明書	
作品の製作者	●●立●●中学校　2年●組　●●　●●
利用した衣類等と手入れの仕方	
製作エピソード	
地域のみなさんへのメッセージ	

※〔3〕1 時間目で使用

〈熊谷　有紀子〉

9

第2学年 衣食住の生活

家族の安全を考えた住空間の整え方を工夫しよう

B (6)ア(ア)(イ)イ

1 題材について

　本題材は，「B 衣食住の生活」の(6)「住居の機能と安全な住まい方」アの(ア)，(イ)及びイとの関連を図った題材である。まず，「家族の生活と住空間との関わり」「住居の基本的な機能」の学習を踏まえ，モデル家族の安全を考えた住空間の整え方についての課題を設定する。次に，幼児や高齢者など家族の家庭内事故を防ぎ，自然災害に備えた安全な住空間の整え方についての学習を生かして，課題を解決するための計画を立てて実践し，評価・改善する構成となっている。

2 題材の目標

(1)　家族の生活と住空間との関わり，住居の基本的な機能，家庭内の事故の防ぎ方など家族の安全を考えた住空間の整え方について理解する。

(2)　家庭内事故や自然災害における家族の安全を考えた住空間の整え方について問題を見いだして課題を設定し，解決策を構想し，実践を評価・改善し，考察したことを論理的に表現するなどして課題を解決する力を身に付ける。

(3)　家族や地域の人々と協働し，よりよい生活の実現に向けて，住居の機能と安全な住まい方について，課題の解決に主体的に取り組んだり，振り返って改善したりして，生活を工夫し創造し，実践しようとする。

3 題材の評価規準

知識・技能	思考・判断・表現	主体的に学習に取り組む態度
・家族の生活と住空間との関わりが分かり，住居の基本的な機能について理解している。 ・家庭内の事故の防ぎ方など家族の安全を考えた住空間の整え方について理解している。	家庭内事故や自然災害における家族の安全を考えた住空間の整え方について問題を見いだして課題を設定し，解決策を構想し，実践を評価・改善し，考察したことを論理的に表現するなどして課題を解決する力を身に付けている。	家族や地域の人々と協働し，よりよい生活の実現に向けて，住居の機能と安全な住まい方について，課題の解決に主体的に取り組んだり，振り返って改善したりして，生活を工夫し創造し，実践しようとしている。

4　指導と評価の計画　8時間

〔1〕家族の生活と住空間との関わりについて考えよう ………………………… 2 時間

〔2〕家族の安全を考えて住空間を整えよう ………… (展開例1　2/6)（展開例2　4/6）6 時間

次時	○ねらい　・学習活動	評価規準・評価方法		
		知識・技能	思考・判断・表現	主体的に学習に取り組む態度
〔1〕1	○家族の生活と住空間との関わりについて理解することができる。 ・安全で快適な住生活について話し合い，題材の見通しをもつ。 ・簡単な図などを活用し，モデル家族の生活行為がどのような住空間で行われているか，話し合う。 ・和式と様式の住空間の使い方で気付いたことを話し合う。	①家族の生活と住空間との関わりについて理解している。 ・ワークシート		
2	○住居の基本的な機能について理解することができる。 ・前時の学習をもとに住居の基本的な機能について考え，グループで交流し，全体で発表し合う。 ・理解したことをまとめる。	②住居の基本的な機能について理解している。 ・ワークシート		
〔2〕1	○家族の安全を考えた住空間の整え方について問題を見いだし，課題を設定することができる。 ・モデル家族（幼児や高齢者を含むA家）の住空間について，グループ内で，マインドマップやラベリング方法で危険箇所を図に書き込んだり，話し合ったりする。 ・家族の安全を考えた住空間の整え方について課題を設定する。		①家庭内事故や自然災害における家族の安全を考えた住空間の整え方について，問題をみいだして，課題を設定している。 ・ワークシート	
2 展開例1	○家庭内事故の防ぎ方など家族の安全を考えた住空間の整え方について理解することができる。 ・地域の消防士や救急隊員から，幼児や高齢者に多い家庭内事故について話を聞く。 ・家庭内事故の要因と防ぎ方について話し合う。 (例) 要因と防ぎ方「浴室」 転倒や転落，誤飲，溺れる，体調不良を起こす要因がある。防ぎ方として扉の開閉を工夫したり，日常から整理整頓したり声をかけたりする対策が必要だ。	③家庭内事故の防ぎ方など，安全を考えた住空間の整え方について理解している。 ・ワークシート		①家族の安全を考えた住空間の整え方について，課題の解決に向けて主体的に取り組もうとしている。 ・ワークシート ・行動観察

3	○自然災害に備え，家族の安全を考えた住空間の整え方について理解することができる。 ・「自然災害」について，過去の例を取り上げたり，タブレット端末のアプリなどを活用したりして，住空間の危険箇所について情報を収集する。（家具の転倒・落下・移動など） ・住空間における危険箇所について話し合い，対策を考えまとめる。	④自然災害に備えた安全を考えた住空間の整え方について理解している。 ・ワークシート		
4 展開例2	○家族の安全を考えた住空間の整え方について考え，工夫することができる。 ・モデル家族（A家）の住空間の課題を解決するためにグループ内で「幼児」「高齢者」に分かれて，それぞれ「家庭内事故」「自然災害」について役割を分担する。 ・同様の役割分担ごとに集まり，新聞記事やタブレット端末を活用して情報を収集する。 ・もとのグループに戻り，解決策をまとめる。 ・解決策について，タブレット端末を使ってシミュレーションする。		②家庭内事故や自然災害における家族の安全を考えた住空間の整え方について考え，工夫している。 ・ワークシート ・行動観察	②家族の安全を考えた住空間の整え方について，課題解決に向けた一連の活動を振り返って改善しようとしている。 ・ワークシート ・行動観察
5	○家族の安全を考えた住空間の整え方について，シミュレーションした結果を，発表することができる。 ・「幼児」「高齢者」「家庭内事故」「自然災害」の視点から発表する。 ・発表に対して，質問や意見を交換し，考えを深める。		④家庭内事故や自然災害における家族の安全を考えた住空間の整え方についての課題解決に向けた一連の活動について，考察したことを筋道を立てて説明したり発表したりしている。 ・ワークシート ・行動観察	
6	○家族の安全を考えた住空間の整え方について，評価したり，改善したりすることができる。 ・前時の発表をもとに，グループごとに新たな気付きを整理したり，解決策の改善点を検討したりする。		③家庭内事故や自然災害における家族の安全を考えた住空間の整え方について，報告を評価したり，改善したりしている。 ・ワークシート ・行動観察	③家族の安全を考えた住空間の整え方について工夫し創造し，実践しようとしている。 ・ワークシート ・行動観察

※各自の実践については，C(7)「衣食住の生活についての課題と実践」で取り組むことが考えられる。

5　本時の展開

【展開例１】〔2〕（2/6 時間）

(1)　**小題材名**　家族の安全を考えた住空間を整えよう

(2)　**ねらい**　家庭内事故の防ぎ方など家族の安全を考えた住空間の整え方について理解することができる。

(3)　**展　開**

時 (分)	学習活動	・指導上の留意点 評価規準　（評価方法）
5	1　本時の学習課題を確認する。 家庭内事故の要因と防ぎ方を考えよう。	
20	2　地域の消防士や救急隊員から，幼児や高齢者に多い家庭内の事故について，一酸化炭素など空気汚染による事故も含め，話を聞く。	・小学校の「季節の変化に合わせた住まい方」を思い起こし，換気の必要性に気付くようにする。 ・既習事項の「幼児」「高齢者」の身体的な特徴や行動の特性を思い起こすようにする。
	例）消防士 K さんの話 救急車の出動原因で最も多いのは家庭内の日常場面で発生する事故。高齢者に次いで幼児が多い。これは日々の整理整頓や注意で防ぐことができる。近年の住宅構造は密閉性が高いため，空気汚染による事故も多い。	
5	3　各自で，家庭内事故の要因や防ぎ方について考えをまとめる。	・幼児の身長や体型，興味・関心，高齢者の身体機能の低下等について助言する。 ・換気や温度調整の大切さを助言する。
15	4　グループで，家庭内事故の要因や防ぎ方について，付箋紙を使って考えをまとめたり，話し合ったりする。 <table><tr><td>要因</td><td>防ぎ方</td></tr><tr><td>・浴槽に水が張ってある（溺れる） ・浴室に物が多すぎる（転倒） ・浴室に段差がある（転倒） ・浴槽のふたが開いている（転落） ・浴室の扉が閉まっている（ヒートショック現象）</td><td>・水を抜いておく ・おもちゃを含め，手が届かない工夫する ・段差をなくすシートを引く ・大きめのふたでしっかりふさぐ。 ・高齢者が入浴する前には，扉を開けておく。</td></tr></table>	 ・必要に応じて，再度，地域の消防士や救急隊員が助言する。 ・家庭内事故は，日々の取組で防ぐことができることに気付くようにする。 〔知識・技能〕 ③家庭内事故の防ぎ方など，安全を考えた住空間の整え方について理解している。（ワークシート）
5	5　本時を振り返り，家庭内事故について理解したことや疑問点をまとめ，発表する。	〔主体的に学習に取り組む態度〕 ①家族の安全を考えた住空間の整え方について，課題の解決に向けて主体的に取り組もうとしている。 （ワークシート）（行動観察）

⑷ 学習評価の工夫

　本時の「知識・技能」の評価規準③については，「家庭内事故」の要因と防ぎ方についてまとめる場面で，ワークシートの記述内容から評価している。

　「幼児」「高齢者」について，身体の特徴などを踏まえ，浴室での「家庭内事故」の要因と防ぎ方についてまとめている場合を「おおむね満足できる」状況（B）と判断した。その際，「努力を要する」状況（C）と判断される生徒に対しては，幼児の行動特性や高齢者の身体の特徴などを確認したり，友達の記述を参考にするよう促す。

　「主体的に学習に取り組む態度」の評価規準①については，学習を振り返る場面でワークシートの記述内容や行動観察から評価している。グループで「家庭内事故」の要因や防ぎ方について検討したり，地域の消防士に確かめたりするなど，解決策を粘り強く探ろうとしている様子を「おおむね満足できる」状況（B）とした。

◆評価に関する資料
ワークシートの一部
「知識・技能」③の「おおむね満足できる」状況（B）の記述例

> **「浴室の家庭内事故」の要因と防ぎ方について，理解したことをまとめよう。**
> 【 幼 児 】好奇心旺盛なため，大人の目が届かないうちに，思わぬ事故を起こすことがある。日常から扉を閉めたり，浴槽の水を抜いたり，おもちゃなどを置きっぱなしにしないよう気を付けたりすることが大事だ。
> 【高齢者】身体的な衰えから，思わぬ事故が起きることがある。転倒の原因にならないよう日常から整理・整頓に心がけたり，滑りにくいシートを敷いたりしておくことが大事だ。　　　　　　　　　 知・技③

「主体的に学習に向かう態度」①の「おおむね満足できる」状況（B）の記述例

> **「家庭内事故」について，本時の授業を振り返ってまとめよう。**
> 　家庭内事故について，今まで全く気が付かないところが原因となっていたため，さらにどんな要因があるのかを消防士に質問した。そして，自分の家の中を観察したら，危ないと思えるところがあったので，家族に伝えてみた。　　　 態①

【展開例2】〔2〕（4/6 時間）

⑴　**小題材名**　家族の安全を考えて住空間を整えよう

⑵　**ねらい**　　家庭内事故の防ぎ方など家族の安全を考えた住空間の整え方を工夫することができる。

⑶　**展　開**

時 (分)	学習活動	・指導上の留意点 評価規準　（評価方法）
5	1　本時の学習課題を確認する。	・学習カードの活用
	家族の安全を考えた住空間の整え方について工夫してみよう。	
5	2　モデル家族（A家）における家族の安全を考えた住空間の整え方についての課題を，グループ内で確認する。 3　グループ内で「幼児・家庭内事故」「高齢者・家庭内事故」「幼児・自然災害」「高齢者・自然災害」の「役割」を決める。	・〔2〕1の授業で設定した課題を確認する。 ・グループ活動の見通しを確認する ・役割ごとに既習事項を確認するよう促す。

20	4　役割分担ごとに，身近な家庭内事故や過去の災害の事例について，新聞記事やタブレット端末を活用して情報を収集する。	・毎日の住まい方のちょっとした工夫が，解決策につながることに気付くようにする。
10	5　もとのグループに戻り，解決策をまとめる。	〔思考・判断・表現〕 ②家庭内事故や自然災害における家族の安全を考えた住空間の整え方について考え，工夫している。 （ワークシート）（行動観察）
5	6　解決策について，タブレット端末を使ってシミュレーションする。	
5	7　本時を振り返り，課題を解決するための工夫点をまとめる。	〔主体的に学習に取り組む態度〕 ②家族の安全を考えた住空間の整え方について，課題解決に向けた一連の活動を振り返って改善しようとしている。 （ワークシート）（行動観察）

⑷　学習評価の工夫

　本時の「思考・判断・表現」の評価規準②については，モデル家族（A家）の安全を考えた住空間について考え工夫する場面で，ワークシートの記述内容や行動観察から評価している。幼児や高齢者の身体の特徴などを踏まえ，既習事項を活用して，「家庭内事故」「自然災害」の課題に対する解決策を工夫している場合を「おおむね満足できる」状況（B）と判断した。その際，「努力を要する」状況（C）と判断される生徒に対しては，前時までのワークシートで幼児や高齢者の身体の特徴を確認したり，友達の記述を参考にしたりするよう促し，解決策を検討できるようにする。

　「主体的に学習に取り組む態度」の評価規準②については，学習を振り返る場面でワークシートの記述内容や行動観察等から評価している。幼児や高齢者の身体の特徴などを踏まえた解決策になっているかを適切に自己評価し，情報を収集して解決策を改善しようとしている場合を「おおむね満足できる」状況（B）と判断した。

◆評価に関する資料
ワークシートの一部
「思考・判断・表現」②の「おおむね満足できる」状況（B）の記述例

> モデル家族（A家）の解決策をまとめよう。
> ●取り組んだ課題「幼児・家庭内事故の防ぎ方」について
> 【危険個所と解決策】
> ・食卓にハサミが置いてある…好奇心旺盛な特徴を踏まえて，危険な道具は，幼児の手が届かないところにしまう。
> ・居間の床に物が置いてある…何でも口に入れてしまう特徴を踏まえて，日ごろから整理・整頓し，誤飲の原因になるようなものは置かない。　思②

6 主体的・対話的で深い学びの実現に向けた授業づくりのポイント

⑴ 各学習過程における学習指導の工夫

生活の課題発見

〔1〕家族の生活と住空間との関わりについて考えよう 　**主体的な学びの視点**
（1時間目）
　安全で快適な住生活について話し合うことにより，題材の見通しをもたせるようにしている。

〔2〕家族の安全を考えた住空間を整えよう　　（1時間目）
　モデル家族における，「家庭内事故」や「自然災害」について問題を見いだし，課題を設定する。その際，マインドマップやラベリング方法等を取り入れたり，話し合い活動を設定したりして，主体的に取り組むことができるようにしている。

解決方法の検討と計画

（4時間目）　**対話的な学びの視点**
　モデル家族における家族の安全を考えた住空間の整え方について，グループで，「幼児・家庭内事故」「高齢者・家庭内事故」「幼児・自然災害」「高齢者・自然災害」の分担を決め，解決策を考え交流し，互いの考えを深めることができるようにしている。

課題解決に向けた実践活動

解決策について，タブレット端末等で，シミュレーションする。

（例）3班
・課題　「居間の危険を解決したい」
・解決策　●家庭内事故　〇自然災害

| 幼児 | ● | テーブルの上の刃物をしまう |
| | 〇 | 棚を壁に固定する |

高齢者	●	無駄に長いコードを調整する
	〇	棚を壁に固定する
	〇	床に荷物を置かない

各グループの解決策（左）　　　　　　　　解決策をタブレット端末でシミュレーション（右）

実践活動の評価・改善

（5・6時間目）　**対話的な学びの視点**　**主体的な学びの視点**
・グループごとに，モデル家族の安全を考えた住空間の整え方の解決策を，「幼児」「高齢者」「家庭内事故」「自然災害」の視点から発表し，意見交流をして評価・改善している。このことにより，安全を考えた住空間の整え方には，様々な解決策があり，家族の構成や住空間に応じて考える必要であることを実感できるようにしている。
・更に，他のグループの発表などから新たな課題を発見する場を設定することで，主体的な取り組みとなるようにしている。

深い学びの視点　　題材を通して，生活の営みに係る見方・考え方のうち，「安全」を意識できるようにしている。具体的には，幼児や高齢者の家庭内事故を防ぎ，自然災害に備えるための家族の安全な住空間の整え方について，グループで解決策を構想している。また，実践は，タブレット端末等を活用してシミュレーションしている。この一連の学習過程は，モデル家族を使った共通の場面を設定することがポイントとなっており，家庭状況が異なる様々な生徒が，それぞれ実感を伴って「安全」という概念が形成できるようにしている。

⑵　家庭や地域との連携

　家庭内事故を防ぎ，自然災害に備えるための住空間の整え方の必要性を実感を伴って理解するために，地域の消防士や救急隊員から話を聞く機会を設けている。また，防災訓練や自然災害を扱う他教科等との関連を図り，地域と連携することが考えられる。

⑶　ICT の活用

　本題材では，様々な自然災害によって想定される家具の転倒や落下，移動などをシミュレーションする場面で，タブレット端末等を活用している。

地域の消防士へのインタビューの様子

また，モデル家族の家庭内事故等の住空間の整え方について，タブレット端末を活用してシミュレーションし，解決策を評価・改善している。

■　本題材で使用したワークシートや資料

モデル家族（A 家）の住空間のタブレット画面の一部

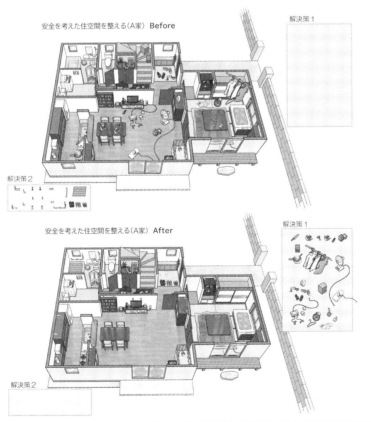

※〔(2) 4，5 時間目で使用。かながわ住まいまちづくり協会「家庭科・住まい学習補助教材」より

〈山﨑　幸子〉

10

第2学年 衣食住の生活

手入れ完璧！「衣服長持ちプロジェクト」

B (7)ア

1 題材について

　本題材は，「B衣食住の生活」の(4)「衣服の選択と手入れ」の学習を基礎とし，「C消費生活・環境」の(2)「消費者の権利と責任」との関連を図ったB(7)「衣食住の生活についての課題と実践」の衣生活に関する題材である。資源や環境に配慮した日常着の手入れについて課題を設定し，「衣服長持ちプロジェクト」の計画を立てて家庭で実践し，評価・改善する構成となっている。

2 題材の目標

(1)　資源や環境に配慮した日常着の手入れの中から問題を見いだして課題を設定し，解決策を構想し，計画を立てて実践した結果を評価・改善し，考察したことを論理的に表現するなどして課題を解決する力を身に付ける。

(2)　よりよい生活の実現に向けて，資源や環境に配慮した日常着の手入れについて，課題の解決に主体的に取り組んだり，振り返って改善したりして，生活を工夫し創造し，家庭や地域などで実践しようとしている。

3 題材の評価規準

知識・技能	思考・判断・表現	主体的に学習に取り組む態度
・衣服と社会生活との関わりが分かり，目的に応じた着用，個性を生かす着用及び衣服の適切な選択について理解している。 ・衣服の計画的な活用の必要性，衣服の材料や状態に応じた日常着の手入れについて理解しているとともに，適切にできる。	衣服の選択，材料や状態に応じた日常着の手入れの仕方について問題を見いだして課題を設定し，解決策を構想し，実践を評価・改善し，考察したことを論理的に表現するなどして課題を解決する力を身に付けている。	よりよい生活の実現に向けて，衣服の選択，材料や状態に応じた日常着の手入れの仕方について，課題の解決に主体的に取り組んだり，振り返って改善したりして，生活を工夫し創造し，実践しようとしている。
	「衣服長持ちプロジェクト」に向けて自分の生活の中から問題を見いだして課題を設定し，解決策を構想し，計画を立てて実践した結果を評価・改善し，考察したことを論理的に表現するなどして課題を解決する力を身に付けている。	家庭や地域の人々と協働し，よりよい生活の実現に向けて，「衣服長持ちプロジェクト」について，課題の解決に主体的に取り組んだり，振り返って改善したりして，生活を工夫し創造し，家庭や地域などで実践しようとしている。

※複数題材にわたる評価を扱うためB(4)についても示している。

4　指導と評価の計画　〔8時間＋4時間〕

題材1　衣服を快適に着用しよう

〔1〕衣服の計画的な活用 ……………………………………………………………… 1 時間

〔2〕衣服の着用と適切な選択 ………………………………………………………… 3 時間

〔3〕日常着の手入れ …………………………………………………………………… 4 時間

題材2　手入れ完璧！「衣服長持ちプロジェクト」 ………………(本時 1/4, 2/4) 4 時間

次時	○ねらい　・学習活動	評価規準・評価方法		
		知識・技能	思考・判断・表現	主体的に学習に取り組む態度
〔題材1〕〔1〕1	○衣服の計画的な活用の必要性について理解することができる。 ・衣服の過不足や処分について考え，問題点を発表し合う。 ・制服の購入から廃棄までの流れについてまとめる。	①衣服の計画的な活用の必要性について理解している。 ・ワークシート		
〔2〕1	○衣服の選択，材料や汚れ方に応じた日常着の洗濯の仕方について問題を見いだし，課題を設定することができる。 ・前時の学習を踏まえ，衣服の選択や手入れについて課題を設定する。 〈課題例〉 ・避暑地にハイキングに行くときの服装は？ ・油汚れがついたＴシャツの洗い方は？　　　など		①衣服の選択，材料や汚れ方に応じた日常着の洗濯の仕方について問題を見いだし，課題を設定している。 ・計画・実践記録表	
2	○衣服と社会生活との関わり，目的に応じた着用，個性を生かす着用について理解することができる。 ・儀式の正装，夏祭りの浴衣等の写真から，衣服の社会生活との関わりについて気付いたことを発表し合う。 ・避暑地にハイキングに行く時の服装をグループで考え，発表する。 ○衣服の適切な選択の仕方について理解するとともに，衣服の選択について考え，工夫することができる。 ・衣服を選択する際の観点について考え，表示の意味を調べる。 ・ハイキングに適したＴシャツを5種類の中から1つ選び，その理由を発表し合う。	②衣服の社会生活との関わりが分かり，目的に応じた着用，個性を生かす着用について理解している。 ・ワークシート ③衣服の適切な選択について理解している。 ・ワークシート	②衣服の選択，材料や汚れ方に応じた日常着の洗濯の仕方について，実践に向けて計画を考え，工夫している。 ・計画・実践記録表 ③衣服の選択，材料や汚れ方に応じた日常着の洗濯の仕方について，実践を評価したり，改善し	①衣服の選択，材料や状態に応じた日常着の手入れの仕方，「衣服長持ちプロジェクト」に関する課題の決に主体的に取り組もうとしている。 ・計画・実践記録表 ・行動観察
〔3〕1	○材料や汚れ方に応じた日常着の洗濯について理解し，適切にできる。 ・制服のワイシャツに適した洗剤	④衣服の材料や状態に応じた日常着の洗濯につい	④衣服の材料や状態に応じた日常着の洗濯について，実践を評価したり，改善し	

2	・の種類と使用方法についてまとめる。 ・ワイシャツの洗い方について，解決方法を調べたり，実験したりし，報告し合う。 ○洗濯の仕方を考え，工夫することができる。 ・前時の学習を生かし，モデル家族の洗濯の仕方を考え，グループで調べたことを発表し合う。	て理解しているとともに，適切にできる。 ・ワークシート ・行動観察	たりしている。 ・計画・実践記録表 ④衣服の選択，材料や汚れ方に応じた日常着の洗濯の仕方についての一連の活動について，考察したことを論理的に表現している。 ・計画・実践記録表	
3 4	○衣服の状態に応じた日常着の補修の仕方について理解し，適切にできる。 ・普段の衣生活を振り返り，衣服の補修の方法について考える。 ・まつり縫いの特徴，スナップ付けの方法をまとめる。 ・目的と布地に適した方法を考えながら，まつり縫いによる裾上げ，スナップ付けの実習を行う。	⑤衣服の材料や状態に応じた日常着の補修の仕方について理解しているとともに適切にできる。 ・練習布1 **指導に生かす評価** ・練習布2 **記録に残す評価**		
【題材2】 1 展開例1	○自分の衣服の手入れについて振り返って問題を見いだし，課題を設定することができる。 ・衣生活チェックリストを用いて，自分の衣生活の問題点を見いだし，課題を設定する。 〈課題例〉 ・制服を長持ちさせるための手入れの方法は？ ・お気に入りのセーターの手入れの方法は？　など		①「衣服長持ちプロジェクト」に向けて自分の衣生活の中から問題を見いだして，課題を設定している。 ・計画・実践記録表	②衣服の選択，材料や状態に応じた日常着の手入れの仕方，「衣服長持ちプロジェクト」に関する課題解決に向けた一連の活動を振り返って改善しようとしている。 ・計画・実践記録表 ・行動観察
2 展開例2	○「衣服長持ちプロジェクト」の計画を工夫することができる。 ・各自が「衣服長持ちプロジェクト」の計画を立てる。 ・計画についてグループで発表し合い，他者のアドバイスを生かして計画を見直す。		②「衣服長持ちプロジェクト」に関する課題の解決に向けて，よりよい生活を考え，計画を工夫している。 ・計画・実践記録表 ・行動観察	
※家庭で手入れ完璧！「衣服長持ちプロジェクト」を実践する。				
3	○「衣服長持ちプロジェクト」の実践について，発表することができる。 ・「衣服長持ちプロジェクト」の報告会をグループで行い，全体で発表する。 ○「衣服長持ちプロジェクト」の実践を評価したり，改善したり		④「衣服長持ちプロジェクト」に関する課題解決に向けた一連の活動について，考察したことを筋道を立てて説明したり，発表	③更によりよい生活にするために，衣服の選択，材料や状態に応じた日常着の手入れの仕方，「衣服長持ちプロジェクト」に関

時		
4	し，新たな課題を見付けることができる。 ・報告会を終えて，他者の意見などを参考に，自分の取組内容を評価し改善する。 ・新たに見付けた自分の課題を記入するとともに，今後に向けて自分ができることを考える。		したりしている。 ・計画・実践記録表 ・相互評価 ③「衣服長持ちプロジェクト」に関する課題の解決に向けて，家族や地域などで実践した結果を評価したり，改善したりしている。 ・計画・実践記録表	する新たな課題を見付け，家庭で次の実践に取り組もうとしている。 ・計画・実践記録表 ・行動観察

5 本時の展開

【展開例１】〔題材２〕（1/4 時間）

(1)　**題材名**　　手入れ完璧！「衣服長持ちプロジェクト」

(2)　**ねらい**　　自分の衣服の手入れについて振り返って問題を見いだし，課題を設定することができる。

(3)　**展　開**

時 (分)	学習活動	・指導上の留意点 評価規準　（評価方法）
5	1　本時の学習課題を確認する。 手入れ完璧！「衣服長持ちプロジェクト」の実践に向けて課題を設定しよう	
30	2　衣生活チェックリストを用いて，自分の衣服の手入れについて問題点を見いだし，課題を設定する。 〈課題例〉 ・制服を長持ちさせるための手入れや計画的な活用方法は？ ・お気に入りのセーターの手入れや保管方法は？　など	・自分の衣服の手入れについて，これまでの学習の疑問点等を記録したチェックリストを振り返り，次の観点から課題を設定するよう促す。 ・洗濯の方法（洗い方，洗剤の選び方，干し方など） ・アイロンのかけ方 ・収納，保管の方法　など ・環境や資源への配慮についても考えるよう助言する。 〔思考・判断・表現〕 ①「衣服長持ちプロジェクト」に向けて自分の衣生活の中から問題を見いだして，課題を設定している。 （計画・実践記録表）
10	3　課題についてグループで発表し合う。	・課題設定の理由を明確にして発表させる。 ・環境や資源への配慮の視点が入っているか確認させる。

5	4　本時の学習を振り返り，次時では計画を立てることを確認する。	・次時は問題解決のための計画を立てることを伝える。

(4)　学習評価の工夫

　本題材では，「衣服長持ちプロジェクト」の一連の学習活動（計画，実践，評価・改善）について記録できる計画・実践記録表を作成している。

　本時の「思考・判断・表現」の評価規準①については，「衣服長持ちプロジェクト」の課題を設定する場面で，計画・実践記録表の記述内容から評価している。自分の衣生活を振り返り，「健康・快適」及び「持続可能な社会の構築」の視点と関連させ，衣生活チェックリストを基に問題点を具体的に挙げて，手入れと着方や計画的な活用を結び付けて理由とともに課題を設定している場合を「おおむね満足できる」状況（B）と判断した。その際，「努力を要する」状況（C）と判断される生徒に対しては，衣生活チェックリストを振り返って不十分な点を確認したりするなどして，これまでに学習した手入れの方法と結び付けて課題を設定できるようにする。

◆評価に関する資料
計画・実践記録表の一部
「思考・判断・表現」①の「おおむね満足できる」状況（B）の記述例

> **(2)「衣服長持ちプロジェクト」に向けて自分自身の課題を具体的に設定しよう。**
> ★衣服の手入れの問題点を書き出してみよう
> ・制服のワイシャツの襟の部分が汚れているが，ワイシャツを自分で洗ったことがない。
> ・制服のワイシャツのポケットの端がほつれているがそのままになっている。
> ・制服（冬服）のズボンの丈が短くなってきたので，直す方法がないか知りたい。
> ・複数枚ある制服のワイシャツをどのように着たらよいか。
> ＜課題＞
> 制服のズボンと，ワイシャツを長く着用するための手入れの方法や計画的な活用の仕方を工夫しよう。
> ＜課題を設定した理由＞
> ・制服のワイシャツの襟の部分の汚れを落とし，清潔で快適に着たいから。
> ・ワイシャツのポケットの端がほつれてしまい，見た目もよくないし，不便だから。
> ・制服のズボンの丈が短くなってきたので，直して着続けたいから。
> ・制服のワイシャツは計画的に着用すると傷みにくいから。

【展開例2】〔題材2〕(2/4 時間)

(1)　**題材名**　　手入れ完璧！「衣服長持ちプロジェクト」

(2)　**ねらい**　　「衣服長持ちプロジェクト」の計画を工夫することができる。

(3)　**展　開**

時(分)	学習活動	・指導上の留意点　評価規準　（評価方法）
5	1　本時の学習課題を確認する。 「手入れ完璧！衣服長持ちプロジェクト」の実践に向けて計画を立てよう	
25	2　「衣服長持ちプロジェクト」の計画を立てる。 〈計画のポイント〉 洗剤の種類，洗い方，保管方法　など	・これまでに学習した手入れの方法を思い出させ，自分の課題に応じて洗濯を中心とした実践計画を具体的に考えさせる。 〔思考・判断・表現〕 ②「衣服長持ちプロジェクト」に関する課題の解決に向けて，よりよい生活を考え，計画を工夫している。

15	3　計画について同様の課題のグループで発表し合い，他の生徒のアドバイスを生かして計画を見直す。	・他の生徒の工夫や意見を参考にして，計画を見直すよう助言する。
5	4　本時の学習を振り返り，家庭での実践に向けて自分の計画の内容を確認する。	〔主体的に学習に取り組む態度〕 ②衣服の選択，材料や状態に応じた日常着の手入れの仕方，「衣服長持ちプロジェクト」に関する課題解決に向けた一連の活動を振り返って改善しようとしている。 （計画・実践記録表）（行動観察） ・計画を基に家庭で実践し，実践後に報告会を行うことを伝える。

（計画・実践記録表）（行動観察）

⑷　学習評価の工夫

　本時の「思考・判断・表現」の評価規準②については，「衣服長持ちプロジェクト」の計画を工夫する場面で，計画・実践記録表の記述内容から評価している。〔2〕，〔3〕の学習で習得した衣服の選択，日常着の材料や汚れ方に応じた洗濯の仕方，状態に応じた補修の仕方などに関する知識を活用して，「健康・快適」及び「持続可能な社会の構築」の視点から，衣服の表示を確認し，表示に応じた洗剤の種類，洗い方，干し方，目的と布地に適した補修の方法を考え，計画を工夫している場合を「おおむね満足できる」状況（Ｂ）と判断した。その際，「努力を要する」状況（Ｃ）と判断される生徒に対しては，これまでの学習を振り返って洗濯のポイントを確認したり，他の生徒の計画を参考にするよう促したりして具体的に計画が立てられるようにする。

　「主体的に学習に取り組む態度」の評価規準②については，題材1，題材2を通して長期的に評価をしている。本時においては，計画・実践記録表の記述内容から評価している。計画を振り返って適切に自己評価し，他の生徒意見を参考に計画を修正しようとしていることから「おおむね満足できる状況」（Ｂ）と判断した。

◆評価に関する資料
計画・実践記録表の一部
「思考・判断・表現」②の「おおむね満足できる」状況（Ｂ）の記述例

＜衣服長持ちプロジェクトの計画＞　※家庭で実践するための計画を具体化しよう		
⑴衣服の種類	⑵衣服の表示	⑶手入れの方法
・制服のワイシャツ ・制服（冬服）のズボン	ポリエステル〇〇%，綿〇〇% 取扱い表示 綿〇〇%，毛〇〇% 取扱い表示	・弱アルカリ性の洗剤を使用する。 ・えりの部分は洗剤をつけ置きしておき，ネットに入れて洗う。 ・ポケットは，白い糸で丈夫になるよう二重に縫い付ける。 ・ズボンのすその部分の糸を取り，丈の長さを調節してアイロンをかける。灰色の糸で表に縫い目が出ないようにまつり縫いをする。
⑷計画の交流（アドバイス）と改善点 ・ワイシャツは，しわを伸ばしてから干した方がよい。（〇〇より）⇒しわを防ぐように干す。 ・ズボンは型崩れしないように保管すべき。（〇〇より）⇒折りじわが付かないようかけておく。 ・ポケットは，目立たないように縫った方がいい。（〇〇より）⇒細かい縫い目で縫うようにする。		

「主体的に学習に取り組む態度」②の「おおむね満足できる」状況（Ｂ）の記述例

⑸考えたこと・疑問に思ったこと・調べてみたいこと ・まつり縫いは，なるべく目立たないように縫ってきれいに仕上げられる方法を考えた。ワイシャツのえりは，つけ置きして汚れをきれいに落としたいが，どのような洗剤が効果的か調べてみたい。

6 主体的・対話的で深い学びの実現に向けた授業づくりのポイント

⑴ 各学習過程における学習指導の工夫

生活の課題発見

「衣服長持ちプロジェクト」の実践に向けて課題を設定しよう （1 時間目）

主体的な学びの視点

　課題設定の際に，衣服の手入れに関するチェックリストを振り返ることによって，自分の衣生活の中から問題点を見いだし，手入れの必要性を実感できるようにしている。また，資源や環境への視点から考えさせることにより，自分の生活が環境に及ぼす影響について認識できるようにし，見通しをもって主体的に取り組むことができるようにしている。

解決方法の検討と計画

「衣服長持ちプロジェクト」を計画しよう （2 時間目）

対話的な学びの視点

　課題解決のために「衣服長持ちプロジェクト」の計画を立て，同様の課題の生徒によるグループで発表し合う。他の生徒の意見を聞くことにより，自分が気付かなかった衣服の手入れのポイントに気付くことができるようにする。また，継続的に自分の衣生活に生かせるよう，計画をより現実的に捉え，実践可能なものに見直すことができるようにしている。

ワイシャツのアイロンがけの資料

課題解決に向けた実践活動

「衣服長持ちプロジェクト」を家庭で実践

実践活動の評価・改善

「衣服長持ちプロジェクト」を実践しよう。（3・4 時間目）

主体的な学びの視点
対話的な学びの視点

　「衣服長持ちプロジェクト」の実践について，グループで発表し合う。その際，実践内容，家族からのアドバイス，工夫したポイントを伝えたり，手入れの前後で衣服の状態がどのように変化したのかを明確にしたりしている。他の生徒の発表に対して「この工夫は納得！」や「プラスワンアドバイス」を付箋紙に記入し，実践・記録表に貼付して相互評価を行う。他の生徒の工夫を知ることで「この方法も取り入れたい」という意欲と新たな課題を発見できるようにしている。

深い学びの視点　題材を通して，生活の営みに係る見方・考え方のうち，「健康・快適」，「持続可能な社会の構築」を意識できるようにしている。B⑷の学習をもとに，生徒が自分の衣服の手入れに関する問題を見いだして課題を設定し，計画を立てて家庭で手入れを実践するという一連の学習活動を「衣服長持ちプロジェクト」としている。必要に応じて洗濯や補修など適切に手入れをしたり，複数ある衣服を計画的に活用したりすることで「健康・快適」な衣生活を送ることができることや，衣服を長持ちさせるための実践が「持続可能な社会の構築」につながることを実感を伴って理解するとともに，これらの概念を形成することがポイントとなる。

⑵ **個に応じた指導の充実**

　各自の課題の解決のために,まつり縫いやボタン付けなどの補修のコーナーを設けたり,洗濯の方法に関する動画をタブレット端末を用いて確認できるようにしたりしている。また,洗剤や漂白剤,柔軟剤等のコーナーを設定し,それらの表示を見て自分の衣服に合うかどうかを調べることができるようにしている。このように,個に応じて活用できる教材を用意し,一人一人に応じた支援ができるよう工夫している。

⑶ **家庭との連携**

　本題材は,衣服の手入れに関する課題を設定し,その解決に向けて計画したことを家庭で実践し,結果を評価・改善し,更に家庭での実践につなげていく流れとなっている。そのため,技術・家庭科通信や保護者会等を通して家庭に学習内容を発信し,協力を依頼したり,実践について紹介したりするなど,家庭との連携を深められるようにしている。

■ 本題材で使用したワークシートや資料

① **衣生活チェックリストの一部**

学習日	学習内容	自己評価	今日の授業の振り返り ★疑問点に思ったこと、家でやってみたいことを記入しよう
5／14 （木）	★日常着の洗濯の方法	Ⓐ B・C	制服のワイシャツを自分で洗ったことがないので、家の洗濯機のコースを調べて洗ってみたい。ブレザーは家で洗えるのかどうか疑問に思った。
5／21 （木）	★日常着の洗濯の工夫	A Ⓑ C	制服のワイシャツの襟の内側部分が汚れている。汗汚れだと思うので、今度自分で洗って落としたい。どうすれば効果的に落ちるのかを知りたい。
5／28 （木）	★日常着の補修の方法 1 まつり縫いの実践	A Ⓑ・C	制服の冬服のズボンの丈が短くなってきているので、自分で直してみたい。この場合もまつり縫いで直せるのだろうか。

② **計画・実践記録表の一部**

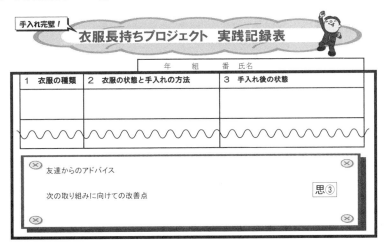

※題材2〔1〕3・4時間目で使用

〈加藤 順子〉

11

計画的な金銭管理と購入の工夫

C⑴ア㋐㋑イ

1 題材について

　本題材は，「C 消費生活・環境」の⑴「金銭の管理と購入」のア及びイとの関連を図った題材である。題材の始めに，自分の消費生活を想起し，物資・サービスの選択・購入について問題を見いだして課題を設定し，金銭の管理と購入に関わる知識及び技能を身に付けるとともに，それらを生かして物資・サービスを選択・購入し，評価・改善する構成となっている。

2 題材の目標

⑴　購入方法や支払い方法の特徴，計画的な金銭管理の必要性，売買契約の仕組み，消費者被害の背景とその対応について理解するとともに，物資・サービスの選択に必要な情報の収集・整理が適切にできる。

⑵　物資・サービスの選択・購入について問題を見いだして課題を設定し，解決策を構想し，実践を評価・改善し，考察したことを論理的に表現するなどして課題を解決する力を身に付ける。

⑶　よりよい生活の実現に向けて，金銭の管理と購入について，課題の解決に主体的に取り組んだり，振り返って改善したりして，生活を工夫し創造し，実践しようとする。

3 題材の評価規準

知識・技能	思考・判断・表現	主体的に学習に取り組む態度
・購入方法や支払い方法の特徴が分かり，計画的な金銭管理の必要性について理解している。 ・売買契約の仕組み，消費者被害の背景とその対応について理解しているとともに，物資・サービスの選択に必要な情報の収集・整理が適切にできる。	物資・サービスの選択・購入について問題を見いだして課題を設定し，解決策を構想し，実践を評価・改善し，考察したことを論理的に表現するなどして課題を解決する力を身に付けている。	よりよい生活の実現に向けて，金銭の管理と購入について，課題の解決に主体的に取り組んだり，振り返って改善したりして，生活を工夫し創造し，実践しようとしている。

4 指導と評価の計画　7時間

〔1〕 自分や家族の消費と購入方法・支払い方法 ……………………………………… 2時間
〔2〕 多様な支払い方法に応じた計画的な金銭管理 ……………………………（展開例1）1時間
〔3〕 物資・サービスの選択・購入 …………………………………（展開例2　3/4）4時間

次時	○ねらい　・学習活動	評価規準・評価方法		
		知識・技能	思考・判断・表現	主体的に学習に取り組む態度
〔1〕 1	○自分や家族の物資・サービスの選択・購入について問題を見いだし，課題を設定することができる。 ・自分や家族の消費行動について振り返り，物資・サービスの購入時に関わる問題点を発表し合い，課題を設定する。		①物資・サービスの選択・購入について問題を見いだして課題を設定している。 ・ワークシート	
2	○多様化した購入方法や支払い方法の特徴について理解することができる。 ・ゲームの購入場面で購入方法の特徴（店舗販売，インターネットを介した通信販売などの無店舗販売）についてまとめ，それぞれの利点と問題点を発表し話し合う。 ・支払い時期（前払い，即時払い，後払い）の違いによる支払い方法の特徴をまとめる。 ・クレジットカードによる三者間契約の利点と問題点について考え，二者間契約と比較して発表する。	①購入方法や支払い方法の特徴について理解している。 ・ワークシート **指導に生かす評価**		①金銭の管理と購入について，課題の解決に向けて主体的に取り組もうとしている。 ・ポートフォリオ
〔2〕 1 展開例1	○多様な支払い方法に応じた計画的な金銭管理の必要性について理解することができる。 ・模擬家族（N家）の炊飯器の購入で崩れる家計の収支バランスの調整方法を検討し，各自の考えをグループで交流し，全体で発表し合う。 ・半年後に，高校進学のために1か月の収入程度の支出があることを想定し，どのように金銭管理をしていくとよいか，N家へのアドバイスを考え，発表し合う。	②計画的な金銭管理の必要性について理解している。 ・ワークシート		
〔3〕 1	○売買契約の仕組み，消費者被害の背景とその対応について理解することができる。 ・「取り置き」の例などから物資・サービスの選択・購入の際に成立している売買契約についてまとめる。	③売買契約の仕組み，消費者被害の背景とその対応について理解している。 ・ワークシート		②金銭の管理と購入について，課題の解決に向けた一連の活動を振り返って改善しようとしている。

	学習活動		
2	・ゲームの購入やキャッチセールスの場面などを想定し，消費者被害が発生する背景や，被害を回避する方法や適切な対応の仕方などについて調べ，発表し合う。			・ポートフォリオ ・行動観察
3 展開例 2	○物資・サービスの選択に必要な情報を適切に収集・整理し，情報を活用して購入について考え，工夫することができる。 ・各自が模擬家族の購入する炊飯器について観点を考え，情報の収集・整理を行う。 ・収集・整理した情報から，購入する炊飯器を選択する。	④物資・サービスの選択に必要な情報の収集・整理が適切にできる。 ・ワークシート ①の評価規準 **記録に残す評価**	②物資・サービスの選択・購入について考え，工夫している。 ・ワークシート	
4	○購入する炊飯器についてグループで発表し合い，評価・改善することができる。 ・発表を踏まえ，物資・サービスの選択に必要な情報を改めて見直し，N家にふさわしい炊飯器を再度選択する。 ・物資・サービスの選択のポイントについてまとめる。		④物資・サービスの選択・購入についての課題解決に向けた一連の活動について，考察したことを論理的に発表している。 ・行動観察 ・ワークシート ③物資・サービスの選択・購入について，実践を評価したり，改善したりしている。 ・ワークシート	③よりよい消費生活の実現に向けて，金銭管理と購入について工夫創造し，実践しようとしている。 ・ポートフォリオ

5 本時の展開

【展開例1】〔2〕(1/1 時間)

(1) **小題材名**　多様な支払い方法に応じた計画的な金銭管理

(2) **ねらい**　　多様な支払い方法に応じた計画的な金銭管理の必要性について理解することができる。

(3) **展　開**

時 (分)	学習活動	・指導上の留意点 評価規準　（評価方法）
5	1　本時の学習課題を確認する。	
	金銭を計画的に管理することがなぜ必要なのか，考えてみよう	

20	2　模擬家族（N家）を想定し，炊飯器を購入することで崩れる収支のバランスをどの支出項目で調整できるか各自で考える。 3　家族が健康で快適な生活を送るための収支の調整方法を，マグネット教材を使ってグループで検討し，全体で発表し合う。 4　発表をもとに，各自で調整のしかたを考える。	・支出の優先順位を考えるよう助言する。 ・金銭を計画的に管理するには，優先順位を考慮して調整する必要があることや，支出には必需的なものと選択的なものがあることに気付くようにする。 ・収支を調整するためには選択的な支出から調整することが大切であることに気付くようにする。
20	5　N家では半年後，高校進学のために1か月の収入程度の大きな支出があることを想定し，どのように金銭管理をしていくとよいか，N家へのアドバイスを考え，発表し合う。 6　キャッシュレス社会における金銭の流れを確認し，まとめる。	・金銭を計画的に管理するためには，今後を見通して収支の調整をすることが大切であることに気付くようにする。 〔知識・技能〕 ②計画的な金銭管理の必要性について理解している。（ワークシート） ・レシートやクレジットカードの明細などで，見えない金銭の流れを記録に残す必要があることを確認する。
5	7　本時を振り返り，気付いたことや分かったことをまとめ，発表する。	

⑷　学習評価の工夫

　本時の「知識・技能」の評価規準②については，金銭管理の方法について，N家にアドバイスをする場面で，ワークシートの記述内容から評価している。優先順位を考えたり，支払い方法の特徴を踏まえて，計画的な金銭管理の必要性について記述したりしている場合を「おおむね満足できる」状況（B）と判断した。その際，「努力を要する」状況（C）と判断される生徒に対しては，模擬家族の事例において，家計の収支のバランスが崩れることに気付かせ，本当に必要な物とその優先順位や支払い方法について一緒に確認することにより，計画的な金銭管理の必要性に気付かせるようにする。また，計画的な金銭管理の必要性だけではなく，翌月以降の具体的な金銭管理の方法について記述している場合を「十分満足できる」状況（A）と判断することが考えられる。

◆評価に関する資料
ワークシートの一部
「知識・技能」②の「おおむね満足できる」状況（B）の記述例

4. Nさんの家では，半年後，高校進学のために1か月の収入ほどの金額を支出する可能性があり，準備をしておく必要があります。どのように金銭の管理をしていくとよいですか。この家族へアドバイスしましょう。

　必要なものを優先的に購入し，すぐに必要でないものは，いつ購入するのかを計画して，必要になるお金を貯めていってください。　　　　　知・技②

【展開例2】〔3〕（3/4時間）

(1) **小題材名**　物資・サービスの選択・購入

(2) **ねらい**　物資・サービスの選択に必要な情報を適切に収集・整理し，情報を活用して購入について考え，工夫することができる。

(3) **展　開**

時 (分)	学習活動	・指導上の留意点 評価規準　（評価方法）
5	1　本時の学習課題を確認する。 炊飯器の選択・購入に必要な情報を収集・整理し，活用しよう。	
20	2　模擬家族（N家）で必要になった炊飯器について，どのように情報を収集したらよいかを考える。 3　炊飯器を購入する際の観点を考え，必要な情報の収集・整理を行う。	・インターネットで調べるだけでなく，実際に商品を見たり，販売員から説明を受けたりする方法などがあることに気付くようにする。 ・N家の要望を考慮し，情報を収集・整理するよう助言する。 〔知識・技能〕 ④物資・サービスの選択に必要な情報の収集・整理が適切にできる。 （ワークシート）
20	4　N家の要望と収集した情報をもとに，購入方法や購入する炊飯器を検討する。 5　収集した情報とN家の家庭の状況を踏まえ，支払い方法を検討する。	・なぜその炊飯器を選択したのか，理由も合わせて考えるように助言する。 〔思考・判断・表現〕 ②物資・サービスに購入について考え，工夫している。（ワークシート） ・N家の状況と支払い方法の利点や問題点を考えながら検討するよう助言する。 〔知識・技能〕 ①購入方法や支払い方法の特徴について理解している。（ワークシート） **記録に残す評価**
5	6　本時を振り返り，気付いたことや分かったことをまとめ，発表する。	

(4) **学習評価の工夫**

　「知識・技能」の評価規準①，④については，模擬家族が炊飯器を選択・購入する場面でワークシートの記述内容から評価している。評価規準①については，〔1〕1，2時間目の評価を「指導に生かす評価」（「努力を要する」状況（C）と判断される生徒への手立てを考えるための評価）とし，本時は「記録に残す評価」として位置付け，炊飯機の購入に際して，購入方法や支払い方法の特徴を理解しているかどうか評価する。

　評価規準④については，選択のための意思決定に必要な機能，価格，環境への配慮，アフターサービス等の観点を記述し，炊飯器に必要な情報を収集し，整理することができている場合を「おおむね満足できる」状況（B）と判断した。その際，「努力を要する」状

況（C）と判断される生徒に対しては，模擬家族が購入する条件から，どのような情報が必要かを確認し，広告やパンフレットなどの情報源を例示するなどして，ワークシートに整理して記入できるようにする。

　「思考・判断・表現」の評価規準②については，購入する炊飯器を決定する場面で，ワークシートの記述内容から評価している。収集・整理した情報をもとに，優先したい選択の視点から検討し，その理由を記述している場合を「おおむね満足できる」状況（B）と判断した。その際，「努力を要する」状況（C）と判断される生徒に対しては，収集・整理した情報を確認し，条件に合った物かどうかを検討して選択できるようにする。

◆評価に関する資料
ワークシートの一部

「知識・技能」④の「おおむね満足できる」状況（B）の記述例

＜家族の要望＞
・今までの3.5合炊きより大きなもの
・予算は25000円程度
・おいしく炊ける
・調理機能がついている
・環境に配慮している
・保証がついている

2．この家族が炊飯器を購入するために必要な情報を収集・整理しましょう。

商品	A	B	C	D	E
購入方法／必要な情報	店舗販売 店舗A	店舗販売 店舗B	店舗販売 店舗C	無店舗販売 通信販売A （インターネット）	無店舗販売 通信販売B （インターネット）
最大炊飯量	5.5合	5.5合	5.5合	5.5合	3.5合
価格	9800円	19800円	26000円	23800円 送料740円	~~24000円~~（↓値引き）24000円
機能	調理機能なし	調理機能なし	煮物・煮込み	ケーキ・煮物 煮込み	パン・ケーキ 煮物・煮込み
年間電気代	2130円	2390円	2200円	2380円	1210円
アフターサービス	1年保証	2年保証	1年保証	1年保証	2年保証

知・技④

「思考・判断・表現」②の「おおむね満足できる」状況（B）の記述例

3．Nさん家の要望と収集した情報から、炊飯器を1つ選び、理由を書きましょう。

この家族にはどの炊飯器がよいと思いますか。（○をつける）
A　・　B　・　C　・　Ⓓ　・　E

＜その炊飯器を選んだ理由を書きましょう。＞

Dの炊飯器は予算内で購入でき、容量や調理機能など、家族の要望にあっている。インターネットの通信販売だが、ジャドママークがついていて、一定の条件のもとでは返品が認められているため、安心して購入することができるから。

思②

129

6 主体的・対話的で深い学びの実現に向けた授業づくりのポイント

(1) 各学習過程における学習指導の工夫

生活の課題発見

〔1〕 自分や家族の消費と購入方法・支払い方法
（1 時間目）

主体的な学びの視点

　事前に，自分や家族の消費行動を振り返ったり，インタビューしたりして，金銭の使い方や物資・サービスの購入で成功したことや失敗したことについてまとめるようにしておく。これらをもとに自分や家族の物資・サービスの選択・購入についての課題を設定し，主体的に学習に取り組むことができるようにしている。

解決方法の検討と計画

〔2〕 多様な支払い方法に応じた計画的な金銭管理
（1 時間目）

対話的な学びの視点

　模擬家族を設定し，この家族が炊飯器を購入することで崩れる収支のバランスについて，マグネット教材を使用し，グループで調整する。支出項目のマグネットを貼り換えながら，なぜそのようにするのかを理由とともに発表し合い，考えを広げたり深めたりできるようにしている。

支出の調整を検討している様子

課題解決に向けた実践活動

〔3〕 物資・サービスの選択・購入
（3・4 時間目）

主体的な学びの視点
対話的な学びの視点

・模擬家族の要望をもとに，炊飯器の情報を収集・整理する。それらの情報を活用し，模擬家族の目的に合っているか，どの炊飯器がふさわしいのかを各自が検討している。

・各自で検討した結果をグループで発表し合い，炊飯器の情報を再度確認する場面を設定し，炊飯器の選択について再考できるようにしている。

・炊飯器の選択・購入の一連の学習活動を通して，新たな課題を見付け，自分や家族の選択・購入に生かすことができるようにしている。

実践活動の評価・改善

深い学びの視点　題材を通して，生活の営みに係る見方・考え方のうち，「持続可能な社会の構築」を意識できるようにしている。炊飯器を選択する際，整理した情報をもとに，各自で炊飯器を選択した上で，グループで発表する。また，グループでどの炊飯器が模擬家族にふさわしいかを話し合うことで，模擬家族の購入の目的に合っているか，持続可能な社会の構築につながる選択かどうかについて考えを広げることができるようにしている。さらに，炊飯器の選択について評価・改善し，「物資・サービスの選択のポイント」としてまとめることで，日常生活に活用できるようにしている。このように炊飯器の選択・購入の一連の学習活動を通して「持続可能な社会の構築」という概念を形成していくことがポイントとなる。

(2)　ICT の活用

　本題材〔2〕の1時間目では，キャッシュレス社会における金銭の流れを確認する場面で，プレゼンテーションソフトのアニメーション機能ををを活用し，金銭の把握や計画的な金銭管理が必要であることに気付くことができるようにしている。

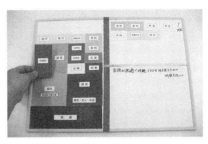

支出項目を表したマグネット教材

(3)　教材・教具の開発

　本題材〔2〕の1時間目では，限られた収入をどのように使うのかを話し合う場面で，支出項目を表したマグネットシートを用い，優先順位を考えて調整できるようにしている。また，支出項目の内容を示した補助教材を作成し，話し合いが円滑に行える工夫をしている。

支出項目の内容が分かる補助教材の一部

■　本題材で使用したワークシートや資料

ワークシートの一部

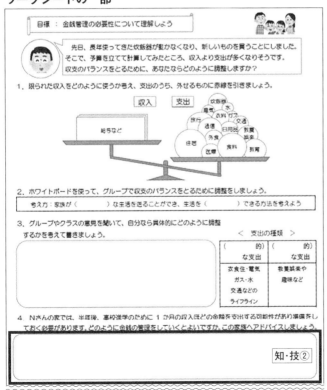

※〔2〕1時間目で使用

〈西田　恵里奈〉

12

第2学年 消費生活・環境

よりよい生活を創る自立した消費者になるために

C (1)ア(イ)(2)アイ

1 題材について

　本題材は，「C 消費生活・環境」の(1)「金銭の管理と購入」のア及びイと(2)「消費者の権利と責任」のア及びイとの関連を図っている。題材の始めに，事前アンケートで自分や家族の買物について振り返らせ，持続可能な社会の構築の視点から，自立した消費者になるための消費行動について問題を見いだして課題を設定し，消費者の権利と責任，消費生活が環境や社会に及ぼす影響に関する学習を生かして，「我が家のエコライフ」の計画を立てて実践し，評価・改善する構成となっている。

2 題材の目標

(1)　売買契約の仕組み，消費者被害の背景とその対応，消費者の基本的な権利と責任，自分や家族の消費生活が環境や社会に及ぼす影響について理解する。

(2)　自立した消費者としての消費行動について問題を見いだして課題を設定し，解決策を構想し，実践を評価・改善し，考察したことを論理的に表現するなどして課題を解決する力を身に付ける。

(3)　よりよい生活の実現に向けて，消費者被害の背景とその対応，消費者の権利と責任について，課題の解決に主体的に取り組んだり，振り返って改善したりして，生活を工夫し創造し，実践しようとする。

3 題材の評価規準

知識・技能	思考・判断・表現	主体的に学習に取り組む態度
・売買契約の仕組み，消費者被害の背景とその対応について理解している。 ・消費者の基本的な権利と責任，自分や家族の消費生活が環境や社会に及ぼす影響について理解している。	自立した消費者としての消費行動について問題を見いだして課題を設定し，解決策を構想し，実践を評価・改善し，考察したことを論理的に表現するなどして課題を解決する力を身に付けている。	よりよい生活の実現に向けて，消費者被害，消費者の権利と責任について，課題の解決に主体的に取り組んだり，振り返って改善したりして，生活を工夫し創造し，実践しようとしている。

4　指導と評価の計画　8時間

次時	○ねらい　・学習活動	評価規準・評価方法		
		知識・技能	思考・判断・表現	主体的に学習に取り組む態度
〔1〕 1	○自分や家族の消費生活について問題を見いだし，課題を設定することができる。 ・自分や家族の買物のトラブルなどについて発表し合う。 ・環境に配慮された身近な商品のマーク，廃棄された大量の衣服や給食の残菜の写真などから，自分や家族の消費行動の問題点等を発表し合う。 ・自分や家族の消費生活の課題を設定する。 〈課題の例〉 ・インターネット通信販売によるトラブル ・我が家のエコライフ		①自分や家族の消費生活について問題を見いだして課題を設定している。 ・ワークシート	
〔2〕 1 2 展開例1	○売買契約の仕組み，消費者被害の背景とその対応について理解することができる。 ・小学校の学習を踏まえて，キャッチセールスの事例の問題点について考え，発表し合い，売買契約の仕組みについてまとめる。 ・インターネット通信販売の2つの相談事例について，被害にあった原因を販売者と消費者の立場から考え，話し合う。 ・被害にあわないためのアドバイスを考え，発表し合う。 ・アドバイザーからの話を聞き，被害にあったときの対応についてまとめる。	①売買契約の仕組み，消費者被害の背景とその対応について理解している。 ・ワークシート		①消費者被害，消費者の権利と責任について課題の解決に主体的に取り組もうとしている。 ・ポートフォリオ ・行動観察
3	○消費者の基本的な権利と責任について理解することができる。 ・店舗販売によるTシャツの購入場面を例として，消費者の基本的な権利と責任について具体的に考える。 ・インターネット通信販売による自転車購入で消費者被害にあった場合を例として，どのような権利と責任が関わっているのか，消費者としてどのような行動をとればよいのかについて考え，話し合う。	②消費者の基本的な権利と責任について理解している。 ・ワークシート		

4	○自分や家族の消費生活が環境や社会に及ぼす影響について理解することができる。 ・電気，水，ごみ，買物などについて，自分や家族の消費行動を振り返り，環境や社会に及ぼす影響について考え，話し合う。 ・環境や社会のために，消費者としてどのような行動を取ればよいのかについて考え，自分ができることを具体的にまとめる。	③自分や家族の消費生活が環境や社会に及ぼす影響について理解している。 ・ワークシート	
〔3〕 1 展開例 2	○自立した消費者としての責任ある消費行動を考え，「我が家のエコライフ」の計画を工夫することができる。 ・「持続可能な社会の構築」などの視点から，環境や社会のために，自分にできることを考え，「我が家のエコライフ」の計画を立てる。 ・グループで発表し合い，計画を見直す。	②自立した消費者としての消費行動について考え，「我が家のエコライフ」の計画を工夫している。 ・計画・実践記録表	②消費者被害，消費者の権利と責任について，課題解決に向けた一連の活動を振り返って改善しようとしている。 ・ポートフォリオ ・行動観察
家庭での実践			
2	○「我が家のエコライフ」の実践を振り返り，まとめたり，発表したりすることができる。 ・実践したことを計画・実践記録表にまとめる。 ・グループで実践発表会を行い，意見交換する。	④「我が家のエコライフ」についての課題解決に向けた一連の活動について，考察したことを論理的に表現している。 ・計画・実践記録表 ・行動観察	③よりよい消費生活の実現に向けて，消費者被害，消費者の権利と責任について工夫し創造し，実践しようとしている。 ・ポートフォリオ ・行動観察
3	○「我が家のエコライフ」の実践について，評価したり，改善したりすることができる。 ・グループの意見を踏まえ，実践を評価し，改善する。 ・次の実践に向けて考えたことをまとめる。	③「我が家のエコライフ」について，実践を評価したり，改善したりしている。 ・計画・実践記録表 ・行動観察	

5 本時の展開

【展開例1】〔2〕(1，2/4 時間)

⑴ **小題材名** 消費者被害と消費者の権利と責任

⑵ **ねらい** 売買契約の仕組み，消費者被害の背景とその対応について理解することができる。

⑶　展　開

時 (分)	学習活動	・指導上の留意点 評価規準　（評価方法）
5	1　本時の学習の課題を確認する。	
20	2　キャッチセールスの相談事例について，どこに問題があるのかを考え，発表し合い，売買契約の仕組みについてまとめる。	・小学校での学習を振り返り，売買契約は消費者の意志が尊重されなければならないことを気付くようにする。 ・未成年と成年の法律上の責任の違いなどについて，例を挙げて確認する。
15	3　クーリング・オフ制度についてまとめる。	・消費者を守る法律についても具体例を挙げて確認する。
20	4　インターネット通信販売の２つの相談事例について，被害にあった原因を販売者側と消費者側から考え，話し合う。	・被害にあう原因が販売者側だけにあるのではなく，消費者の行動にも問題があることに気付くようにする。
20	5　被害にあわないためのアドバイスを考え，発表し合う。	・根拠を明確にして具体的にアドバイスを考えるよう助言する。
		〔知識・技能〕 ①売買契約の仕組み，消費者被害の背景とその対応について理解している。 （ワークシート）
10	6　消費生活アドバイザーから消費行動の留意点と被害にあったときの対応について聞く。	・よりよい選択に必要な情報を収集・整理し，契約前にしっかり考えることが大切であることに気付くようにする。
5	7　消費者被害について分かったこと，これからの自分や家族の消費行動について考えたことをまとめる。	〔主体的に学習に取り組み態度〕 ①消費者の権利と責任について課題の解決に主体的に取り組もうとしている。 （ポートフォリオ）（行動観察）
5	8　本時の学習を振り返り，発表し合う。	

⑷　学習評価の工夫

　本時の「知識・技能」の評価規準①については，売買契約の仕組みや消費者被害の背景とその対応について考え，まとめる場面で，ワークシートの記述内容から評価している。例えば，インターネット通信販売の相談事例について，販売者や消費者の立場から原因を考え，被害にあわないための消費行動について相談者に適切にアドバイスしている場合を「おおむね満足できる」状況（B）と判断した。その際，「努力を要する」状況（C）と判断される生徒に対しては，消費生活アドバイザーの話を振り返って，販売者や消費者の立場からその原因を確認し，アドバイスについて考えることができるようにする。

　「主体的に学習に取り組む態度」の評価規準①については，ポートフォリオの記述内容及び行動観察から評価している。売買契約の仕組みや消費者被害の背景とその対応について，消費生活アドバイザーに確認するなどして粘り強く取り組んだことを記述している場合を「おおむね満足できる」状況（B）と判断した。

◆評価に関する資料

ワークシートの一部

「知識・技能」①の「おおむね満足できる」状況（B）の記述例

(1) ・・・どこに問題があったのかを考えてみよう。	
相談事例	先日，スマートフォンでSNSの広告を見て，親に内緒で格安の千円のダイエットサプリ商品を1回だけのつもりで注文し，代金は，商品と一緒に送られてきたコンビニ用振込用紙で支払った。2週間後，また商品が届いたので，契約を取り消すために販売業者に連絡したところ，「定期購入なので，商品を5回受け取らないと解約できない」と言われた。後で確認してみると，画面の最後の方に，小さい文字で初回だけの割引や定期購入であることなどの条件や契約内容が書かれていた。

	販売者側	消費者側
問題点	格安の値段に注目させ，安いから買ってみようと思わせていること。その格安な値段は初回だけという大事な情報を小さい文字で最後の方に書いていたこと。契約内容などの重要なことを見落としやすい最後の方に書いていること。	1回だけのつもりでとよく考えずに注文したこと。書いてある内容を最後まで確認しないで注文したこと。親に内緒で契約したこと。

(2) ・・・相談者へのアドバイスを考えてみよう。	
アドバイス	販売者側の情報は，不都合なことを小さい文字で書いたり，契約内容などの重要なことを最後の方に書いたりして分かりにくいことがあるので，書いてある内容を見落とさないように最後まで丁寧に確認するようにしましょう。 1回だけとよく考えずに購入したときに，消費者は被害にあいやすいので，とくに未成年は，購入する前にしっかり考えたり，保護者に相談したりしましょう。

【展開例2】〔3〕（1/3時間）

(1) **小題材名**　我が家のエコライフ

(2) **ねらい**　自立した消費者としての責任ある消費行動を考え，「我が家のエコライフ」の計画を工夫することができる。

(3) **展　開**

時(分)	学習活動	・指導上の留意点 評価規準　（評価方法）
5	1　本時の学習課題を確認する。	
15	2　環境や社会のために，自分ができることを考え，「我が家のエコライフ」の計画を立てる。 〈実践課題の例〉 ・暖房の設定温度20℃で快適に過ごす ・リデュースでごみを減らす ・計画的な買物で資源やものを無駄にしない	・電気，水，ごみ，買物などについて実践課題を設定させ，どんなときに，どんなことができるのか，場面を明確にして，具体的な行動を考えるよう助言する。 ・他教科等の学習内容と関連付けて，環境や社会への配慮を考えるよう助言する。 〔思考・判断・表現〕 ②自立した消費者としての消費行動について考え，「我が家のエコライフ」の計画を工夫している。 （計画・実践記録表）
15	3　グループで発表し合い，アドバイスをし合う。	
10	4　友達の実践計画や教師のアドバイスを基に「我が家のエコライフ」の計画を見直し，改善点を考え，発表する。	・環境や社会に配慮しているか，継続して実践できるかどうかの視点からアドバイスするよう助言する。

136

5	5　本時の学習を振り返り，まとめる。	〔主体的に学習に取り組み態度〕 ②消費者の権利と責任について，課題解決に向けた一連の活動を振り返って改善しようとしている。 （ポートフォリオ）（行動観察）

⑷　学習評価の工夫

　本時の「思考・判断・表現」の評価規準②については，「我が家のエコライフ」の計画を考え，工夫する場面で，計画・実践記録表の記述内容から評価している。電気，水，ごみ，買物などについて，環境や社会に配慮した生活を実践する計画を工夫し，理由とともに記述している場合を「おおむね満足できる」状況（B）と判断した。その際，「努力を要する」状況（C）と判断される生徒に対しては，環境や社会に配慮して消費生活について，これまでの学習を確認したり，他の生徒の計画や教師の助言を参考にしたりして，実践計画を立てることができるようにする。

　「主体的に学習に取り組む態度」の評価規準②については，ポートフォリオの記述内容及び行動観察から評価している。実践計画について，うまくできたことやできなかったことを適切に評価し，他の生徒や教師からアドバイスをもらうなど，「我が家のエコライフ」の計画を工夫しようとしている場合を「おおむね満足できる」状況（B）と判断した。

◆評価に関する資料
計画・実践記録表の一部
「思考・判断・表現」②の「おおむね満足できる」状況（B）の記述例

実践課題	資源やものを無駄にしない計画的な買い物をしよう
課題設定の理由	自分や家族の消費行動を振り返ると，衝動買いや買い過ぎが多く，使わないでそのままになったり，処分したりすることもあり，今までもったいない買物の仕方をしていることに気付きました。そこで，資源やものを無駄にしないために計画的に買物しようと思いました。

実践計画	アドバイス	計画の改善点
1．衝動買いや買い過ぎを防ぐために，実践する1週間分の献立を考え，買物リストを作る。 2．環境に配慮した商品を買うために，表示やマークなどをよく確認して選ぶ。 3．家庭からごみを出さないために，包装の少ない物を買うようにする。	1．今ある食材を使い切る献立にしないと，食材が無駄になるよ。 2．環境に配慮した商品について，どんなものがあるかを調べておくといいね。 3．詰め替え用を買ったらいいよ。レジ袋も有料化されたね。	1．今ある食材等を点検してから1週間分の献立を考え，買物リストを作る。 2．買物に行く前に，環境に配慮して作られた商品について，インターネット等で情報を収集し，表示やマークなどをよく確認して買うようにする。 3．エコバッグを持参し，包装の少ない物や詰め替え用を買うようにする。

6 主体的・対話的で深い学びの実現に向けた授業づくりのポイント

(1) 各学習過程における学習指導の工夫

生活の課題発見

〔1〕自分や家族の消費生活　　　　　　　　（1時間目）　**主体的な学びの視点**

　事前アンケートで自分や家族の買物について振り返り，失敗やトラブルがなぜ起きたのかを発表し合う。自分や家族の消費行動について，「持続可能な社会の構築」の視点から問題点を見付け，課題を設定している。それらを小グループや全体で発表し合うことで消費生活と環境問題との関わりに気付き，課題意識と解決の見通しをもって主体的に学習活動に取り組めるようにしている。

〔2〕消費者被害と消費者の権利と責任　（1～4時間目）　**対話的な学びの視点**

　消費者被害について，販売者側と消費者側にどのような問題があったのかを考え，小グループで発表し合うことで原因を明確にし，被害にあわないための消費行動を具体的に考えることができるようにしている。また，消費者被害と関連させて消費者の権利と責任について考えを広め深めるようにしている。さらに，電気・水・ごみ・買物などの観点で自分や家族の消費生活を振り返り，消費者の責任と関連させて話し合い，消費者の行動が環境や社会に影響を与えていることを自覚できるようにしている。

〔3〕我が家のエコライフ　　　　　　　　（1時間目）

　これまでの学習を基に，「我が家のエコライフ」の計画を立てて，小グループで発表し合うことで，友達や教師のアドバイスを参考にしながら，より具体的で継続して実践できるように見直している。

小グループでの話合い

自分が考えた実践計画に基づいて，家庭で実践する。

　　　　　　　　　　　　　　　　　　　　（2・3時間目）　**主体的な学びの視点**
　　　　　　　　　　　　　　　　　　　　　　　　　　　　対話的な学びの視点

　実践発表会では，「我が家のエコライフ」の実践について発表し合う。その際，資源や環境への配慮などの観点から，付箋紙に「自分もやってみたい取組」や「取組の改善案」を記入し，相互評価を行う。友達の意見を参考にし，自己評価を行い，実践計画を見直している。さらに，友達の実践から新たな課題を見付け，消費者として責任ある消費行動を考えることができるようにしている。

深い学びの視点　題材を通して，生活の営みに係る見方・考え方のうち，「持続可能な社会の構築」を意識できるようにしている。自分や家族の消費生活を振り返り，そこから問題を見いだして課題を設定し，課題解決に向けた計画を立てて，実践，評価・改善する一連の学習過程を「我が家のエコライフ」としている。グループでの発表や話合いを通して気付いたことや友達からのアドバイスを参考にしながら，家族と協力し合い「我が家のエコライフ」を実践することで，実感を伴って「持続可能な社会の構築」という概念を形成していくことがポイントとなる。

⑵　**関係機関との連携**

　消費者被害の低年齢化に伴い，消費者被害の回避や適切な対応が一層重視されることから，本題材では，消費生活センターと連携し，中学生の身近な消費行動と関連のある事例を扱っている。また，消費生活アドバイザーからの助言をもとに，インターネットを介した通信販売での相談事例を作成したり，消費行動の留意点等をまとめたりして，資料として活用している。

⑶　**他教科等との関連**

　本題材では，自分や家族の消費生活が環境や社会に及ぼす影響についての課題解決の場面で，技術分野や総合的な学習の時間の「環境」などに関する学習を生かし，適切な解決方法を考え，実践に向けて具体的に計画が立てられるよう工夫している。また，本題材の学習を，次学年の社会科［公民分野］の市場の働きと経済，世界の貧困問題や地球環境問題，資源・エネルギー問題，保健体育科［保健分野］の生活排水や家庭ごみの処理などの学習につなげるようにしている。

■　本題材で使用したワークシートや資料

① 　消費生活アドバイザーからのアドバイス

【悪質商法による消費者被害】
＜原因＞
・販売者からの情報量が少ないから。
・販売者からの情報が分かりにくいから。
・消費者が情報を十分確認していないから。
＜対応＞
・少ない情報を補うために自分で情報量を増やしていく。
・販売者からの情報が本当なのか批判的意識をもって確かめる。
・情報を正確に読み取る。

「よりよい選択をするために，商品や販売者について，調べたり，聞いたりして自分から知ろうとする行動が大切です。」

※〔2〕2時間目で使用

② 　「我が家のエコライフ」計画・実践記録表の一部

「我が家のエコライフ」報告書
1　計画を基に，実践したことをまとめよう。

実践記録	
実践の成果	実践の課題
	思④

2　実践したことをグループで発表し合おう。

友達からの意見（付箋紙）

3　グループの意見を基に，実践したことを評価し，見直そう。

自己評価		今後の改善策
課題設定は適切であったか	A B C D	
計画は適切に立てられたか	A B C D	思③
計画通り実践できたか	A B C D	
根拠を明確にして発表できたか	A B C D	
成果と課題を明確にできたか	A B C D	
次の取組（さらにやってみたいこと）		態③

※〔3〕2，3時間目で使用

〈東條　良栄〉

我が家の「食品ロス削減プロジェクト」

C (3) ア

1 題材について

　本題材は，「C 消費生活・環境」の(2)「消費者の権利と責任」の自分や家族の消費生活が環境や社会に及ぼす影響の学習を基礎とし，B (3)「日常食の調理と食文化」との関連を図った C (3)「消費生活・環境についての課題と実践」の題材であり，C (2)の学習につなげて，題材を配列している。

2 題材の目標

(1)　我が家の食品ロス削減のために，食品の購入や調理の後始末の中から問題を見いだして課題を設定し，解決策を構想し，計画を立てて実践を評価・改善し，考察したことを論理的に表現するなどして課題を解決する力を身に付ける。

(2)　家族や地域の人々と協働し，よりよい生活の実現に向けて，我が家の食品ロス削減について，課題の解決に主体的に取り組んだり，振り返って改善したりして，生活を工夫し創造し，家庭や地域などで実践しようとする。

3 題材の評価規準

知識・技能	思考・判断・表現	主体的に学習に取り組む態度
自分や家族の消費生活が環境や社会に及ぼす影響について理解している。	調理における自立した消費者としての消費行動について問題を見いだして課題を設定し，解決策を構想し，実践を評価・改善し，考察したことを論理的に表現するなどして課題を解決する力を身に付けている。	よりよい生活の実現に向けて，調理における自立した消費者としての消費行動について，課題の解決に主体的に取り組んだり，振り返って改善したりして，生活を工夫し創造し，実践しようとしている。
	我が家の食品ロス削減のために，食品の購入や調理の後始末の中から問題を見いだして課題を設定し，解決策を構想し，計画を立てて実践した結果を評価・改善し，考察したことを論理的に表現するなどして課題を解決する力を身に付けている。	家族や地域の人々と協働し，よりよい生活の実現に向けて，我が家の食品ロス削減について，課題の解決に主体的に取り組んだり，振り返って改善したりして，生活を工夫し創造し，家庭や地域などで実践しようとしている。

※複数題材にわたる評価を扱うため C (2)についても示している。

4　指導と評価の計画　4時間＋4時間

〔題材１〕　消費生活が環境や社会に及ぼす影響……………………………（展開例1　2/4）4時間

〔題材２〕　我が家の「食品ロス削減プロジェクト」………………（展開例2　4/4）4時間

次時	○ねらい　・学習活動	評価規準・評価方法		
		知識・技能	思考・判断・表現	主体的に学習に取り組む態度
【題材1】 1	○自分や家族の消費生活について問題を見いだし，課題を設定することができる。 ・1学期の調理実習の動画を視聴し，限りある資源の水やガス，食品の廃棄について問題点等を発表し合う。 ・消費生活の課題を設定する。 〈課題例〉 ・節電・節水・食品の廃棄率		①調理における自分や家族の消費生活について問題を見いだして課題を設定している。 ・ワークシート	
2 展開例 1	○自分や家族の消費生活が環境や社会に及ぼす影響について理解することができる。 ・調理実習で使う食材をどのように選ぶのかについて，資源や環境への配慮や社会に及ぼす影響などの観点から考え，話し合う。	①自分や家族の消費生活が環境や社会に及ぼす影響について理解している。 ・ワークシート		
3	○自立した消費者としての消費行動について考え，調理計画を工夫することができる。 ・野菜や水を無駄なく使い，資源や環境に配慮したハンバーグと付け合わせの調理の計画を立てる。		②調理における自立した消費者としての消費行動について実践に向けた計画を考え，工夫している。 ・ワークシート	①調理における自立した消費者としての消費行動及び「食品ロス削減プロジェクト」に関する課題の解決に向けて主体的に取り組もうとしている。 ・ポートフォリオ ・行動観察
	計画に沿って家庭での実践			
4	○自立した消費者としての消費行動について，調理における実践を発表し，評価・改善することができる。 ・グループごとに実践発表会を行い，アドバイスし合う。 ・計画どおりに実践できたかどうかなどを振り返って評価し，改善する。 ・実践を通して見付けた課題について話し合う。 〈課題例〉 ・食品のごみを減らすにはなど		④調理における自立した消費者としての消費行動についての課題解決に向けた一連の活動について，考察したことを論理的に表現している。 ・行動観察 ・ワークシート ③調理における自立した消費者としての消費行動について，実践を評価したり，改善したりしている。 ・ワークシート	

141

[題材2] 1	○我が家の食品ロス削減のための課題を設定することができる。 ・我が家の食品の購入や調理の後始末に関する問題点を見いだし，食品ロス削減に関する課題を設定する。 〈課題例〉 ・食品の購入　・調理 ・冷蔵庫の整理・整頓など		①我が家の食品ロス削減のために，食品の購入や調理の後始末の中から問題を見いだして課題を設定している。 ・計画・実践レポート ②我が家の食品ロス削減に関する計画を考え，工夫している。 ・計画・実践レポート ・行動観察	②調理における自立した消費者としての消費行動及び「食品ロス削減プロジェクト」に関する課題解決に向けた一連の活動を振り返って改善しようとしている。 ・ポートフォリオ ・行動観察
2	○我が家の「食品ロス削減プロジェクト」の計画を考え，工夫することができる。 ・各自が「食品ロス削減プロジェクト」の計画を立てる。 ・ICT を活用してグループで交流し，計画を検討する。			
家庭での実践			
3	○我が家の「食品ロス削減プロジェクト」の実践についてまとめたり，発表したりすることができる。 ・実践したことを計画・実践レポートにまとめる。 ・グループごとに実践発表会を行い，アドバイスし合う。 実践発表会（例） 野菜スープの調理を通して，食品ロスを削減し，家族会議でマニュアルを作成した。		④我が家の食品ロス削減に関する課題解決に向けた一連の活動について，考察したことを筋道を立てて説明したり，発表したりしている。 ・計画・実践レポート ・行動観察	
4 展開例2	○我が家の「食品ロス削減プロジェクト」について，家庭で実践した結果を評価・改善するとともに，新たな課題を見付け，次の実践に取り組もうとする。 ・前時の実践発表会について，ゲストティーチャーの感想や話を聞く。 ・他の生徒からの意見を踏まえ，実践を評価し，改善する。 ・我が家の食品ロス削減についての新たな課題を見付け，次の実践に向けて考えたことをまとめる。		③我が家の食品ロス削減に関する課題の解決に向けて，家庭で実践した結果を評価したり，改善したりしている。 ・計画・実践レポート	③更によりよい生活にするために，「食品ロス削減プロジェクト」に関する新たな課題を見付け，家庭や地域での次の実践に取り組もうとしている。 ・ポートフォリオ

142

5　本時の展開

【展開例１】〔題材１〕（2/4時間）

(1) **題材名**　消費生活が環境や社会に及ぼす影響

(2) **ねらい**　自分や家族の消費生活が環境や社会に及ぼす影響について理解することができる。

(3) **展　開**

時（分）	学習活動	・指導上の留意点 評価規準　（評価方法）
5	1　本時の学習課題を確認する。	
	自分や家族の消費行動が環境や社会にどのような影響を与えているのだろう	
10	2　調理実習の食材の購入の仕方を思い出し，話し合う。 ・生鮮食品は外観で見分ける ・表示やマークを見る ・価格　　・環境への配慮	・献立，購入したい材料，予算などの情報を提示する。 ・既習事項や経験をもとに考えたり，これまでの消費行動を振り返ったりするよう助言する。 ・食品を選択する場合の優先順位についてなぜ，そのように考えたかを理由とともに発表するよう助言する。
15	3　各自が考えたことを，グループで交流し合い，気付いたことを全体で発表し合う。	
15	4　環境への配慮や社会に及ぼす影響の観点から話し合い，まとめる。 ・地産地消を意識して買う ・賞味期限の近いものから買う ・必要な分量だけ買う ・食品表示で原材料を確かめて買う ・被災地で作られたものを買う ・品質や価格などの情報に疑問や関心をもち，商品を比較して買う ・消費者の声で改善されたものを買う	・消費者の責任と関連させて扱うようにする。 ・消費者の行動が社会に影響を与えていることを自覚し，よく考えて購入することが大切であることに気付くようにする。 〔知識・技能〕 ①自分や家族の消費生活が環境や社会に及ぼす影響について理解している。（ワークシート）
5	5　本時を振り返り，次時の学習につなげる。	・食材の購入だけでなく，物資・サービスの購入から廃棄までの消費行動についても自覚できるようにする。

(4) **学習評価の工夫**

　本時の「知識・技能」の評価規準①については，調理実習で用いる食材の購入についてまとめる場面でワークシートの記述内容から評価している。自分や家族の消費生活が環境への配慮や社会に及ぼす影響について，環境への負荷を軽減させたり，企業への働きかけとなって商品の改善につながったりすることについて理由とともに記述している場合を「おおむね満足できる」状況（B）と判断した。その際，「努力を要する」状況（C）と判断される生徒に対しては，学習を振り返らせるとともに，調理実習の食材の購入において，食品の輸送に必要なエネルギーについて例示するなど，資源や環境への配慮に気付くことができるようにする。

ワークシートの一部
「知識・技能」①の「おおむね満足できる」状況（B）の記述例

（問）今後あなたはどのようなことを考えて食材などを購入するか，その理由も書きましょう。	
今後，考えること	**理　由**
今までは，価格の安いものを選んでいたが，今後は棚の前の方にある食材を買う。	今日食べるので，消費期限が近くてもよいから。
容器包装の少ないものを選ぶ。	包装の少ないものは環境にやさしく，そういうものが社会に多く出回ることで社会全体の環境配慮につながるから。　知・技①

【展開例2】〔題材2〕（4/4時間）

(1) **題材名**　我が家の「食品ロス削減プロジェクト」

(2) **ねらい**　我が家の「食品ロス削減プロジェクト」について，家庭で実践した結果を評価・改善するとともに，新たな課題を見付け，次の実践に取り組もうとする。

(3) **展　開**

時(分)	学習活動	・指導上の留意点 評価規準　（評価方法）
5	1　本時の学習課題を確認する。 「我が家の食品ロス削減プロジェクト」の実践を交流し，これからの生活に生かそう	
10 25	2　前時の実践発表会について，ゲストティーチャー（消費者庁）から話を聞く。 3　「我が家の食品ロス削減プロジェクト」の実践について，他の生徒の意見やゲストティーチャーの話をもとに改善点をまとめ，交流する。 今後の改善策（Aさんの例） 賞味期限が近い食品を前に置くよう冷蔵庫や食品の保管棚を整頓する。	・国や県の取組を踏まえ，自分の考えを深めることができるようにする。 ・食品の購入や調理の後始末において，計画したことが実践できたかどうかを購入，調理，保存，整理・整頓，後始末の視点から整理する。 〔思考・判断・表現〕 ③我が家の食品ロス削減に関する課題の解決に向けて，家庭で実践した結果を評価したり，改善したりしている。 （計画・実践レポート）
10	4　我が家の食品ロス削減について，新たな課題を見付け，次の実践に向けて考えたことをまとめ，発表する。	・日常的な食品ロス削減への意欲を高める。 〔主体的に学習に取り組む態度〕 ③更によりよい生活にするために，「食品ロス削減プロジェクト」に関する新たな課題を見付け，家庭や地域での次の実践に取り組もうとしている。 （ポートフォリオ）

(4) **学習評価の工夫**

　本題材では，家族と「食品ロス削減プロジェクト」の一連の学習活動（計画，実践，評価・改善）について記録できる計画・実践レポートを作成している。

　本時の「思考・判断・表現」の評価規準③については，我が家の「食品ロス削減プロジェクト」の実践を振り返る場面で，計画・実践レポートの「成果と課題」及び「今後の改善策」の記述内容から評価している。他の生徒の意見やゲストティーチャーの話を参考に，実践を振り返り，今後の改善策について適切に記入している場合を「おおむね満足できる」状況（B）と判断した。その際，「努力を要する」状況（C）と判断される生徒に対しては，成果と課題を確認し，他の生徒の発表を参考に，家族と共にできることを考え，具体的な改善につなげることができるよう助言する。

　「主体的に学習に取り組む態度」の評価規準③については，ポートフォリオの記述内容から評価している。これからの生活を展望する場面では，他の生徒の意見を参考に，食品ロス削減について家庭や地域での新たな課題を見付け，次の実践に取り組もうとする記述をしている場合を「おおむね満足できる」状況（B）と判断した。また，家庭や地域での実践について，新たな課題を見付けるとともに，改善に向けた意欲だけでなく，これからの活動についても具体的に記述している場合を「十分満足できる」状況（A）と判断することが考えられる。

　なお，「主体的に学習に取り組む態度」の評価規準①，②については，題材1の評価も参考に複数題材で評価している。

◆評価に関する資料
計画・実践レポートの一部「思考・判断・表現」③の「おおむね満足できる」状況（B）の記述例

＜Ⅳ　実践を振り返ろう＞

成　果　と　課　題	思③
（1）成果 ①　野菜スープの調理 　次の視点から工夫して調理することにより，食品ロスの削減ができた。	②　食品ロス削減マニュアルの作成 　家族でマニュアルを作成することにより，家族全員が食品ロス削減について考えたり，実践に取り組んだりできた。

購　入	家にある食材を確認することにより，同じ食材を買うことがなく，買い物が無駄なくできた。
調　理	今までごみとして捨てられていた皮や茎も食べることで，廃棄量が少なくなった。
保　存	使い切るまで状態良く保存できた。
整理・整頓	期限が近いものが分かった。
後始末	節水につながった。

（2）課題
・買いすぎない，作りすぎないためにマニュアルを改善し，継続して活動できるようにする。
・マニュアルは，「保存」や「整理・整頓」の視点についても追加する。
・袋を忘れてレジ袋を買ってしまった。

発表に対する意見（付箋紙を貼る）

よかった点	改善点
学習したことを生かし，食品の無駄を減らせた。	定期的に冷蔵庫の中を整理・整頓し，工夫する。
家族で環境に配慮した消費生活の会議ができた。	食品の保存は，他の友達の取組を参考にする。

今後の改善策，新たな課題	自己評価
○ゲストティーチャーの話のスーパーの陳列棚を参考にし，家の冷蔵庫や食品の保管棚は期限が早い食品を前に置くなど工夫する。 ○なぜ，レジ袋が有料になったのかを調べ，社会や環境へ及ぼす影響について知りたい。	課題は適切に設定できたか　　　　　A Ⓑ C D 実践計画を考え，工夫することができたか A Ⓑ C D 実践は計画通りに進めることができたか Ⓐ B C D 根拠や理由を明確にして発表できたか　A Ⓑ C D 実践の成果と課題を明確にできたか　Ⓐ B C D

6 主体的・対話的で深い学びの実現に向けた授業づくりのポイント

(1) 各学習過程における学習指導の工夫

生活の課題発見

我が家の「食品ロス削減プロジェクト」 （1時間目） 　主体的な学びの視点

調理における資源や環境に配慮した実践について振り返り，我が家の食品の購入や調理の後片付けの中から，問題点を見いだし，我が家の食品ロス削減に関する課題を設定できるようにしている。

このことにより，食品ロス削減への課題意識を高め，見通しをもって主体的に学習に取り組むことができるようにしている。

解決方法の検討と計画

（2時間目） 　対話的な学びの視点

自分や家族の生活が調理や社会に及ぼす影響及びこれまでの食生活の学習で身に付けた知識及び技能を活用して解決方法を検討し，我が家の「食品ロス削減プロジェクト」の計画を立てる。その際，ICTを活用し，グループで計画を発表し合い，生徒同士による意見交換を通して，考えを広げたり深めたり，計画を見直すようにしている。

課題解決に向けた実践活動

家庭での「食品ロス削減プロジェクト」の実践

環境に配慮した調理

冷蔵庫の整理・整頓

我が家の「食品ロス削減プロジェクト」 （3・4時間目） 　主体的な学びの視点　対話的な学びの視点

・グループごとに実践発表会を行い，家庭で実践して分かったこと，成果と課題について，付箋紙を用いて意見交流している。（3時間目）
・友達の意見やゲストティーチャーのアドバイスを参考に，実践を評価・改善したり，新たな課題を見付けたりして，次の実践への意欲を高めることができるようにしている。（4時間目）

実践活動の評価・改善

深い学びの視点 題材を通して，生活の営みに係る見方・考え方のうち，「持続可能な社会の構築」を意識できるようにしている。我が家の食品の購入や調理の後片付けの中から問題を見いだして課題を設定し，計画を立ててその解決を目指す一連の学習過程を「食品ロス削減プロジェクト」としている。ゲストティーチャーや友達との交流による気付きやヒントを参考にしながら，「食品ロス削減」を実践することを通して，実感を伴って「持続可能な社会の構築」という概念を形成していくことがポイントとなる。

(2) 家庭との連携

　本題材は，我が家の「食品ロス削減プロジェクト」の課題設定，計画，実践，評価・改善の一連の学習過程において，学びの場を家庭と学校で往復させる構成により，継続的に家庭で実践するサイクルが身に付くようにしている。その際，生徒一人一人の家庭生活の状況が異なることから，生徒が生活の課題を具体的に解決できる取組となるよう家庭との連携を図っている。具体的には，家庭に学習のねらいと内容を理解してもらい，協力が得られるよう，学年だより等で発信している。

(3) 関係機関との連携

　本題材では，消費者庁と連携を図り，専門的な立場の意見やアドバイスを参考にすることにより，自分や家族の消費生活が環境や社会に及ぼす影響を自分のこととして身近に感じたり，生徒が見付けた新たな課題を次の実践につなげたりすることができるようにしている。また，消費生活センターなどの各種関係機関と連携することにより消費者としての自覚を高めるようにしている。

■ 本題材で使用したワークシートや資料

「計画・実践レポート」の一部

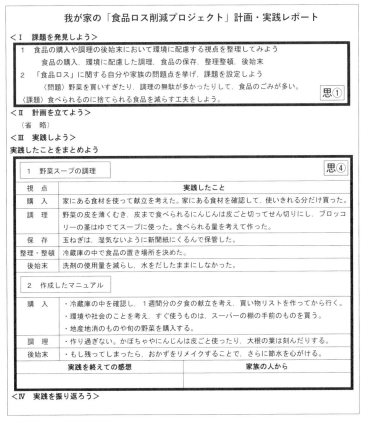

我が家の「食品ロス削減プロジェクト」計画・実践レポート

＜Ⅰ　課題を発見しよう＞

1　食品の購入や調理の後始末において環境に配慮する視点を整理してみよう
　　食品の購入，環境に配慮した調理，食品の保存，整理整頓，後始末
2　「食品ロス」に関する自分や家族の問題点を挙げ，課題を設定しよう
　　〈問題〉野菜を買いすぎたり，調理の無駄が多かったりして，食品のごみが多い。
　　〈課題〉食べられるのに捨てられる食品を減らす工夫をしよう。　思①

＜Ⅱ　計画を立てよう＞
　（省略）

＜Ⅲ　実践しよう＞
実践したことをまとめよう

1　野菜スープの調理　思④

視点	実践したこと
購入	家にある食材を使って献立を考えた。家にある食材を確認して，使いきれる分だけ買った。
調理	野菜の皮を薄くむき，皮まで食べられるにんじんは皮ごと切ってせん切りにし，ブロッコリーの茎はゆでてスープに使った。食べられる量を考えて作った。
保存	玉ねぎは，湿気ないように新聞紙にくるんで保管した。
整理・整頓	冷蔵庫の中で食品の置き場所を決めた。
後始末	洗剤の使用量を減らし，水をだしたままにしなかった。

2　作成したマニュアル

購入	・冷蔵庫の中を確認し，1週間分の夕食の献立を考え，買い物リストを作ってから行く。 ・環境や社会のことを考え，すぐ使うものは，スーパーの棚の手前のものを買う。 ・地産地消のものや旬の野菜を購入する。
調理	・作り過ぎない。かぼちゃやにんじんは皮ごと使ったり，大根の葉は刻んだりする。
後始末	・もし残ってしまったら，おかずをリメイクすることで，さらに節水を心がける。

実践を終えての感想	家族の人から

＜Ⅳ　実践を振り返ろう＞

※〔2〕1～3時間目で使用

〈松田　和代〉

参考文献

■ 中学校学習指導要領（平成 29 年告示）解説　技術・家庭編（文部科学省，平成 29 年 7 月）

■ 中等教育資料
・平成 29 年 10 月号「新学習指導要領における技術・家庭科家庭分野のポイント」p.34 〜 37
・平成 30 年 6 月号「家庭分野の目標及び内容の改善(2)内容の改善『A 家族・家庭生活』」p.64 〜 65
・平成 30 年 7 月号「家庭分野の目標及び内容の改善(3)内容の改善『B 衣食住の生活』食生活」p.56 〜 57
・平成 30 年 10 月号「家庭分野の目標及び内容の改善(4)内容の改善『B 衣食住の生活』衣生活」p.78 〜 79
・平成 30 年 12 月号「家庭分野の目標及び内容の改善(5)内容の改善『B 衣食住の生活』住生活」p.64 〜 65
・平成 31 年 2 月号「家庭分野の目標及び内容の改善(6)内容の改善『C 消費生活・環境』」p.72 〜 73
・平成 31 年 4 月号「家庭分野の指導計画の作成(1) 3 学年間を見通した全体的な指導計画とガイダンス」p.58 〜 59
・令和元年 6 月号特集「学習評価及び指導要録の改善」解説 p.20 〜 25
・令和元年 6 月号「家庭分野の指導計画の作成(2)選択項目『生活の課題と実践』の履修」p.136 〜 137
・令和元年 8 月号「新学習指導要領と ICT の効果的な活用（技術・家庭，家庭）」p.18 〜 21
・令和元年 12 月号「『主体的・対話的で深い学び』の実現に向けた学習指導の工夫改善」p.28 〜 29
・令和 2 年 8 月号「中学校の学習指導と学習評価の工夫改善③」p.26 〜 33

■「指導と評価の一体化」のための学習評価に関する参考資料　中学校　技術・家庭（国立教育政策研究所教育課程研究センター，令和 2 年 3 月）

執筆者一覧

[編著者]

筒井 恭子 (つつい・きょうこ)

前文部科学省初等中等教育局教育課程課教科調査官，国立教育政策研究所教育課程研究センター研究開発部教育課程調査官。石川県出身。石川県内の公立中学校・高等学校教諭，石川県教育委員会小松教育事務所指導主事，公立小学校教頭を経て，平成21年4月から平成31年3月まで文部科学省勤務。平成29年中学校学習指導要領の改訂，中学校学習指導要領解説技術・家庭編の編集に関わる。平成31年4月〜令和2年3月，国立教育政策研究所における評価規準，評価方法等の工夫改善に関する調査研究協力者。

[執筆者] (執筆順，令和2年11月現在)

筒井 恭子	上掲
永田 晴子	大妻女子大学専任講師
千田 満代	岩手県立総合教育センター主任研修指導主事
今北 恵子	兵庫県 神戸市立湊翔楠中学校教諭
荻島 千秋	埼玉県 加須市立大利根中学校教諭
清水 弘美	山梨県総合教育センター主幹
加藤 順子	埼玉県 さいたま市立大宮八幡中学校教諭
大川 美子	栃木県 宇都宮市立旭中学校副校長
大野 敦子	石川県 金沢市立大徳中学校教諭
熊谷有紀子	長野県 上松町立上松中学校教頭
山﨑 幸子	神奈川県 平塚市立江陽中学校教頭
西田恵里奈	兵庫県 神戸市立原田中学校教諭
東條 良栄	徳島県立城ノ内中等教育学校教諭
松田 和代	徳島県 徳島市川内中学校教頭

中学校技術・家庭科　家庭分野
資質・能力を育む学習指導と評価の工夫

2021（令和3）年2月5日　初版第1刷発行

編著者　筒井　恭子
発行者　錦織　圭之介
発行所　株式会社東洋館出版社
　　　　〒113-0021
　　　　東京都文京区本駒込5丁目16番7号
　　　　営業部　電話03-3823-9206　FAX03-3823-9208
　　　　編集部　電話03-3823-9207　FAX03-3823-9209
　　　　振　替　00180-7-96823
　　　　ＵＲＬ　http://www.toyokan.co.jp

印刷・製本：藤原印刷株式会社
装丁・本文デザイン：中濱　健治

ISBN978-4-491-04115-5
Printed in Japan